AIRE LIBRE

# LE PIÈGE MALAIS 2

## DANS LA MÊME COLLECTION

**CONRAD**
Le piège malais (tomes 1 et 2)

**COSEY**
Le voyage en Italie (tomes 1 et 2)

**GRIFFO - VAN HAMME**
S.O.S. Bonheur (tomes 1, 2 et 3)

**HAUSMAN - DUBOIS**
La forteresse de pierre
Le crépuscule des elfes

**MARVANO - HALDEMAN**
La guerre éternelle (tomes 1, 2 et 3)

**WILL - DESBERG**
Le jardin des désirs
La 27e lettre

Maquette de la collection : Y. Amateis.

Dépôt légal : septembre 1990 D.1990/0089/111
ISBN 2-8001-1785-0 ISSN 0774-5702

Imprimé en Belgique.

AIRE LIBRE

# CONRAD

## LE PIÈGE MALAIS 2

NE LE REGARDE PAS! C'EST UN MORT!
KALIANI! DANS LA FUMÉE, ON DIRAIT UN HOMME. ON DIRAIT... GUSTAV!
SRRRTSH

ÇA HORRIBLE!
NOUS MOURIR ET RENAÎTRE EN CAFARDS TOUT NOIRS. OU PIS! ... EN PUTAINS DE LA MÊME COULEUR!
?!!
SALE NEZ-ROUGE! TU ES LAID, TU ES BLANC, TU NE POSSÈDES RIEN ET TU OSES ME JUGER!
JE VAIS ME GÊNER. AÏE!
PAF!
MON TURBAN!
À CAUSE DE TOI, MON TURBAN EST TOMBÉ À L'EAU!
TANT MIEUX!

TU M'AS RAMENÉ UNE FILLE, GUSTAV ?
MAIS, CAPTAIN... JE VOUS AI DÉJÀ DIT QUE JE SUIS MORT !
JE ME SUIS NOYÉ EN ALLANT LA CHERCHER... ELLE EST QUELQUE PART DANS LA VILLE... AVEC LE GAMIN !
?!
LA STATUETTE EST FROIDE... COMME UN VULGAIRE CAILLOU !
C'EST LA NUIT... ET JE NE VOIS PLUS DE SPECTRES ?!...
MAIS JE SUIS LÀ, MOI !
JE COMPRENDS !... LA STATUETTE N'A PLUS BESOIN DE MOI ! ELLE A DÛ TROUVER SA PROCHAINE VICTIME !
KARL ! IL FAUDRA PENSER À MOI, POUR QUE JE PUISSE RESTER ...
...ET J'AI CRU CE GAMIN QUI M'A DIT QU'IL POURRAIT ME SAUVER !...
KARL !.. PENSEZ À MOI, KARL ! JE VOUS EN PRIE ...
JE VAIS MOURIR BIENTÔT... MAIS JE TUERAI CE MORVEUX AVANT
JE VOUS EN SUPPLIE ! KARL ! ..
ARRR ! RRRR... RRRRRR...

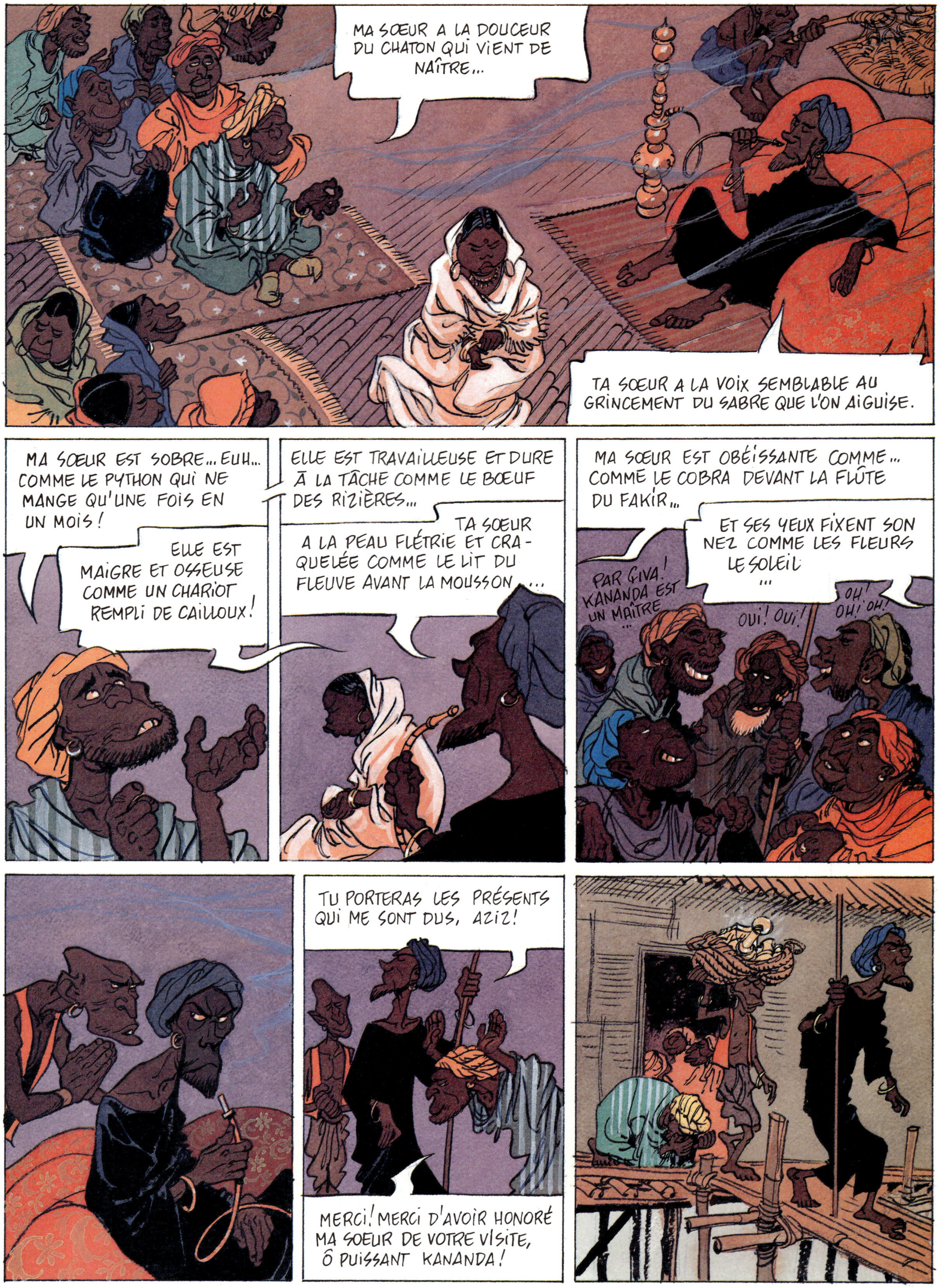
MA SOEUR A LA DOUCEUR DU CHATON QUI VIENT DE NAÎTRE...
TA SOEUR A LA VOIX SEMBLABLE AU GRINCEMENT DU SABRE QUE L'ON AIGUISE.
MA SOEUR EST SOBRE... EUH... COMME LE PYTHON QUI NE MANGE QU'UNE FOIS EN UN MOIS!
ELLE EST MAIGRE ET OSSEUSE COMME UN CHARIOT REMPLI DE CAILLOUX!
ELLE EST TRAVAILLEUSE ET DURE À LA TÂCHE COMME LE BOEUF DES RIZIÈRES...
TA SOEUR A LA PEAU FLÉTRIE ET CRAQUELÉE COMME LE LIT DU FLEUVE AVANT LA MOUSSON...
MA SOEUR EST OBÉISSANTE COMME... COMME LE COBRA DEVANT LA FLÛTE DU FAKIR...
ET SES YEUX FIXENT SON NEZ COMME LES FLEURS LE SOLEIL...
PAR SIVA! KANANDA EST UN MAÎTRE...
OUI! OUI!
OH! OH! OH!
TU PORTERAS LES PRÉSENTS QUI ME SONT DUS, AZIZ!
MERCI! MERCI D'AVOIR HONORÉ MA SOEUR DE VOTRE VISITE, Ô PUISSANT KANANDA!

C'EST LE BLANC DE LA "COUMPANY" QUI ÉTAIT DÉJÀ VENU POUR LA TAXE DE SÉCHERESSE!...
CES SALES NEZ-ROUGES CHERCHENT TOUJOURS À NOUS ANNEXER!...
OH, PUISSANT KANANDA, TU VAS VOIR COMME L'HOMME BLANC EST ABANDONNÉ DES DIEUX! SA PEAU INFECTE EST COUVERTE DE TACHES DE ROUSSEUR, SES PIEDS PUANTS SONT DÉFORMÉS PAR LE CUIR DE SES BABOUCHES...
... ET SES DENTS SONT PLUS JAUNES QUE CELLES DU CHAMEAU!
QUE VEUX-TU, ÉTRANGER? PROFANER NOS TEMPLES? SOUILLER NOS FEMMES?
... VOLER NOTRE OR?
HEIN? DE L'OR?
IL VEUT DE L'OR. RELÂCHEZ-LE!
AIIII! ILS M'ONT MORDU!!
AUCUN DE CES SAUVAGES NE M'A RECONNU!.. JE SUIS WILLIAM WOLFMAN! JE PERÇOIS LES TAXES POUR LA COMPAGNIE DES INDES!... RENDS-MOI MON CASQUE ET MES BOTTES, SALE MACAQUE!
SUIS-MOI, SAHIB WOLFMAN...
À CAUSE DES INONDATIONS, LA COMPAGNIE PRÉLÈVE UNE TAXE SPÉCIALE, MAIS... MON PANTALON! OÙ EST MON PANTALON?!
VIENS, SAHIB! TU ES MON HÔTE...

JE VAIS VOLER QUELQUE CHOSE...
C'EST DÉJÀ FAIT : TU PORTES MON PANTALON.
MAIS ?...
...CES GAMINS SUIVENT KALIANI !
CRAK !
HÉLÀ !
ATTENDS UN PEU, TOI !
TU M'ÉPIAIS HEIN, VIEILLE BARBE !
PITIÉ, SAHIB ! MOI MOURIR D'ENNUI À SURVEILLER LE SAHIB, MAIS MOI FORCÉ !
MOI FORCÉ PAR LE TRÈS GRAND, LE TRÈS RICHE ET TRÈS PUISSANT CONSEILLER DU PRINCE : LE BRAHMANE KANANDA !

ALLONS, VENEZ, LES FILLES... NOUS RENTRONS!
TIENS! TIENS! VENEZ VOIR, MES FILLES...
VENEZ VOIR COMMENT S'HABILLENT LES PRINCESSES AUJOURD'HUI!
AÏÏ! LÂCHE-MOI, GROSSE MÈRE!
TU TE SOUVIENS DE MOI, KALIANI! AH! TU EN AS EU DES CLIENTS DANS TA CAGE! TOUTES TES SŒURS ÉTAIENT JALOUSES DE TOI...
QUEL JOLI TISSU, KALIANI!... TU ME LE DONNES?
DIS: TON SAHIB... IL SENT VRAIMENT COMME UN CADAVRE?
LÂCHEZ-MOI, PAR KALI!
TU ME REVIENDRAS, KALIANI... ET TU ME PAIERAS TES INSULTES! PROFITE DE TES "NOCES" AVEC TON "NEZ-ROUGE"!
LAISSEZ PASSER L'ÉPOUSE DU PRINCE DES TROIS MONDES!
AH! AH! AH!
SALES GUENONS AUX CULS RONGÉS PAR LES VERS! JE PISSE SUR VOS MENACES! VOUS N'OSEZ RIEN FAIRE, SINON POURQUOI ATTENDEZ-VOUS?!
TAIS-TOI, VIPÈRE! VA-T'EN!

C'EST TOUT CE QUE TU AS TROUVÉ : UNE PIPE À OPIUM ? MAIS ÇA NE NOURRIT PAS !
ET PUIS C'EST IDIOT : ON N'A MÊME PAS D'OPIUM !
LA MÈRE DES CAGES M'A ATTRAPÉE ...
J'AI EU TRÈS PEUR ! MAIS ELLE N'A FAIT QUE ME MENACER...
ELLE AURAIT DÛ FAIRE QUOI ?
TU NE LA CONNAIS PAS ! C'EST ELLE QUI FAIT LES CASTRATS POUR LES HAREMS
ET QUI MUTILE LES ENFANTS MENDIANTS POUR QU'ILS RAPPORTENT PLUS D'AUMÔNES...
JE L'AI INSULTÉE DEVANT TOUTES LES FILLES ET ELLE NE M'A RIEN ... ?
JE TE TIENS, SALE ESPION !
AAAH
QUI C'ÉTAIT ?
C'ÉTAIT AFFREUX !
KALIANI... ON NOUS SURVEILLE ! DES GAMINS T'ONT SUIVIE ; J'AI SURPRIS UN VIEILLARD QUI NOUS ÉPIAIT, ET LÀ, JE VIENS DE METTRE LA MAIN SUR... SUR UN LÉPREUX ...
LE... LE VIEILLARD A PARLÉ D'UN BRAHMANE NOMMÉ KANANDA...
KANANDA ! ... IL NOUS GARDE EN VIE MAIS NOUS EMPÊCHE DE FUIR ! POURQUOI ? ...
BEUH...

नेस्टोमाल्ट के गुण... NON... NON... पडते हैं अशक्त खाई पडते व्यक्तियों.. के लिए.. तथा अस्त्रोपचार के बाद । बुढ्ढे NE... REGARDE... और बिमारी .. PAS... NON... गों की शक्ति घट जाती हैं २...
?!!
!!!
... फल मिलता... NON... NE... NE REGARDE PAS...
NE... REGARDE PAS...
... NE REGARDE PAS... NE...
ARRÊTE-TOI! J'EN AI ASSEZ DE TES FIÈVRES
TAÏS-TOI!
IL Y AVAIT DES... CENTAINES DE PERROQUETS...

JE SUIS ORIGINAIRE DE COSTWOLD HILLS, OÙ MA FAMILLE A FAIT SA FORTUNE DANS LA LAINE... EN CE TEMPS-LÀ, JE PARCOURAIS L'ASIE AFIN D'ENRICHIR MA COLLECTION D'ÉTOFFES ORIENTALES : BRODERIES DE VANARASI, MOUSSELINES DE DHAKA, CHÂLES EN POIL DE CHÈVRE DU CACHEMIRE...
ALORS QUE JE TRAVERSAIS DES MASSIFS DÉSERTIQUES AU SUD DES INDES, LE VENT SOULEVAIT DES NUAGES DE POUSSIÈRE, VOILANT LE PAYSAGE...
À TRAVERS MES LARMES, JE VIS L'INDE SAUVAGE DRAPÉE DANS SON MYSTÈRE. JE FUS SAISI D'UN FRISSON DÉLICIEUX : LES CRIS AIGUS DES CHACALS SEMBLAIENT SORTIR DE LA TERRE...
NOUS FÎMES HALTE... MES SERVITEURS DÉCHARGÈRENT LES BÊTES DE MES BAGAGES PRÉCIEUX ET, APRÈS UN REPAS FRUGAL, CHACUN SE REPOSA...
UN PETIT GROUPE DE RICHES INDIGÈNES PARÉS DE VÊTEMENTS MAGNIFIQUES SE JOIGNIT À NOUS POUR ÉVITER LES MAUVAISES RENCONTRES, CAR LES ROUTES ÉTAIENT PEU SÛRES... L'UN D'EUX SE RÉVÉLA ÊTRE UN CONTEUR CHARMANT ...
IL ÉVOQUA POUR MOI LES CURIEUSES DÉESSES DE L'INDE PAÏENNE, QUI ONT PARFOIS JUSQU'À HUIT BRAS ! PARVATI, VANADURGÂ, CHAMUNDÂ...
BHADRAKALI, BHADRAKÂLIVANADURGÂ KALIKÂ...
?!
.. JE DEVINAIS QUE "KALI" VOULAIT SÛREMENT DIRE : DÉESSE.
... QUELLE AGRÉABLE SOIRÉE ! L'AIR ÉTAIT PARFUMÉ, LA TEMPÉRATURE DOUCE, ET J'AVAIS AVEC MOI LE PLUS PLAISANT DES COMPAGNONS...
ÇA, Y EN A THUGS, SECTE DES ÉTRANGLEURS... Y EN A TRÈS AFFREUX ! MOI FUIR ! FUIR !...

...IL FIT REVIVRE POUR MOI UN RITE ÉTRANGE DE L'INDE PRIMITIVE: À LA FIN DES PLUIES, LA DANSEUSE SACRÉE LA PLUS GRASSE ET LE PRÊTRE À LA PLUS LONGUE BARBE ENDUISAIENT LEURS CORPS DE SIROP DE ROSE...
...ET ATTENDAIENT QUE LES ABEILLES VIENNENT LES BUTINER POUR S'ACCOUPLER LONGUEMENT... ILS NE SE SÉPARAIENT QUE LORSQUE LA DERNIÈRE ABEILLE ÉTAIT REPARTIE...
PITIÉ PWISSANT THUG! MOI -RIEN DIRE RREUHH...
JE ME SOUVIENS QU'IL ME PARLA AUSSI D'UN COMPATRIOTE, ARTISTE ET FIN LETTRÉ, QUI-PARAÎT-IL-PORTA CHANCE À UN PUISSANT NAWAB...
... CELUI-CI FIT PRÉPARER VINGT ET UNE MESURES DE L'OR LE PLUS PUR QUE L'ON FILTRA ENCORE VINGT ET UNE FOIS... PUIS, IL FIT EMPLIR LE NEZ, LES ORBITES, LES OREILLES, LA BOUCHE, LE NOMBRIL ET L'ANUS DE L'ANGLAIS AVEC CET OR EN FUSION...
.. POUR EMPÊCHER LE DÉMON BIENFAISANT QUI L'HABITAIT DE SORTIR. ... CETTE NUIT-LÀ...
... L'ORIENT M'A ENVOÛTÉ CORPS ET ÂME! ...
ÉVEILLE-TOI! CHASSE LES MORTS DE TON ESPRIT! NE LES ÉCOUTE PAS! NE LES REGARDE PAS!
TU AS MOINS DE CERVELLE QU'UN BOEUF DES RIZIÈRES! ...MAINTENANT QUE TU LES AS LAISSÉS FAIRE LES MORTS NE TE QUITTERONT PLUS!..

MOI, KANANDA, CONSEILLER DU PRINCE, PREMIER BRAHMANE DE LA VILLE, J'AI DÉCIDÉ DE DÉLIVRER VOTRE FAMILLE DE CETTE VEUVE ET DE PRENDRE VOTRE HONTE SUR MOI EN L'ÉPOUSANT...
MALGRÉ LA NOIRCEUR DE SA PEAU, SA CHAIR RASSIE ET SON DÉSHONNEUR DE N'AVOIR PAS SUIVI SON PREMIER MARI SUR LE BÛCHER FUNÉRAIRE...
HA! HA! HI! À MOI LA PLUS RICHE VEUVE DE LA VILLE!... À MOI LA JEUNE ÉPOUSE DE HAUTE CASTE DONT LES YEUX N'ONT VU QUE QUINZE FOIS LES PLUIES...
...QUI A LA BEAUTÉ DU PAPILLON SORTI DU COCON ET QUI FAIT SÉCHER SES AILES AU SOLEIL!
MOI, LE VIEUX LÉZARD RUSÉ, J'EN FERAI MES DÉLICES! HI! HI! HI! HOU!
EN PLUS DE LA DOT, LE FRÈRE DE LA MARIÉE PAIERA LA CÉRÉMONIE, LES VÊTEMENTS DES ÉPOUX, LES OFFRANDES AUX DIEUX...
...LA NOURRITURE POUR LES INVITÉS, LES CADEAUX QUE JE FERAI ENVOYER À MA FAMILLE ET LES AUMÔNES POUR LES PAUVRES... AINSI, HEUREUX BEAU-FRÈRE, TU ACQUERRAS DES MÉRITES!
ALORS MOI, KANANDA, JE TE FERAI UNE GRÂCE : TU AURAS LE DROIT DE TE FAIRE PRÉCÉDER DE CINQ PAS PAR UN SERVITEUR PARTOUT OÙ TU IRAS...
HA! HA! HA! HA! LE FRÈRE EST COMME LA LIMACE QUI BAVE SOUS ELLE À LA FAÇON DES SIMPLES D'ESPRIT!

RRRR
ZZZZ
JE TIRERAI BIEN HUIT ROUPIES DE CE QUE J'AI PRIS SUR LE BATEAU DES BLANCS ...
QUEL MARI PEUT-ON ÉPOUSER POUR HUIT ROUPIES ?
SALES PETITES VOLEUSES ! VOUS ÊTES DE LA CASTE DES GARDIENS DE PORCS ! VOUS NE DEVEZ RIEN POSSÉDER !
Ô MÈRE DES FÉLICITÉS ! AIE PITIÉ ! LAISSE-NOUS QUELQUE CHOSE POUR MANGER ET TU ACQUERRAS DU MÉRITE ! ...
FILEZ, POUILLEUSES !... SINON VOS COCHONS VOUS PRENDRONT POUR ÉPOUSES !
Hiiii
Hiiii
Hiiii ATTENDEZ-MOI !
Aiiii ! KRISHNA, MAÎTRE DE LA FLÛTE, PROTÈGE TA PETITE VACHE !
VOUS N'AVEZ PAS HONTE ? VOLER DES PETITES FILLES !...

RENDS-MOI ÇA, SALE, PETIT NEZ-ROUGE!
PAS QUESTION, GROSSE BOUSE DE VACHE!
VLAF!
OUMF!
...RIEN À MANGER DANS TOUT ÇA! ON NE PEUT PAS S'ENFUIR DE CE TROU, TOUS LES BOUTRES SONT SURVEILLÉS!... ET SI ON RESTE, ON VA MOURIR DE FAIM!
VIENS! J'AI TROUVÉ DE L'OPIUM ...

AVEC L'OPIUM... JE LE VOIS... IL A FUI LES SIENS... POUR SE FAIRE LUI-MÊME... POURTANT, IL N'A FAIT QU'ÊTRE UTILISÉ PAR TOUS CEUX QU'IL A RENCONTRÉS... L'ANGLAISE QU'IL A SAUVÉE DU MUSULMAN.. KARL LE PIRATE QU'IL DEVAIT DÉBARRASSER DE LA FIGURINE.. GUSTAV, QUI L'A PRIS COMME LARBIN ... ET JUSQU'À L'ÉQUIPAGE.... UN SPECTRE L'A CHOISI POUR CONFIDENT... ET KALIANI... QUE VEUT-ELLE?
IL M'A PORTÉE SUR SON DOS... QUAND J'AVAIS LA FIÈVRE... COMME LE FAIT UN DOMESTIQUE ... IL EST IMPATIENT ET MALADROIT COMME UN CHIEN... ... JE VAIS LE DRESSER À L'AMOUR... JE LUI APPRENDRAI ...
JE LUI APPRENDRAI À SATISFAIRE LES FEMMES RICHES ET À ME GAGNER DES ROUPIES... ET DES ROUPIES ...
SOCK!
J'AI MAL! QU'EST-CE QU'ELLE M'A FAIT, CETTE...?

¡¡¡¡¡¡K!
¡¡¡¡K!
POURQUOI NE VEUX-TU PAS ME VENDRE CE SARI?... CETTE BOUTIQUE EST-ELLE À TOI OU BIEN AU SINGE?
QUI SAIT?... PETITE MÈRE, L'ARTISTE A JEÛNÉ DOUZE JOURS AVANT DE TISSER CE SARI...
ÉCOUTE, AFFREUX VIEILLARD: EN ÉCHANGE DE CETTE LOQUE JE TE DONNE UNE CHEMISE, UN GILET ET UN PANTALON DE SAHIB... ET CETTE DENT, QUI ÉTAIT L'ORNEMENT DE LA MÂCHOIRE D'UN PRINCE!...
POUR LA DERNIÈRE FOIS, QUI ES-TU, ET POURQUOI ES-TU DÉGUISÉ DE LA SORTE?...
ÇA, ÇA ME REGARDE!
KALIANI!
?!?
TOUT ÇA, C'EST DE TA FAUTE, SALE NOIRAUDE!

ARRÊTEZ!
ÇA SUFFIT COMME ÇA!
OÙ SONT MES VÊTEMENTS? ET MA DENT? QU'EN AS-TU FAIT?!
AARR...
LÂCHE CETTE FEMME, MAUDIT VENTRE MOU!
NON MAIS! QUI T'A DIT DE DESCENDRE DE TON ARBRE, TOI?!
IL A FRAPPÉ BINDRAH!
ALORS ON L'ÉGORGE!
NON! CE BLANC EST SOUS LA PROTECTION DE KANANDA!
ALORS, GAMIN? VAS-TU ME RÉPONDRE?..
HIN!
J'AI ENTENDU SA MÂCHOIRE CRAQUER, Ô ERNEST! TES COUDES SONT PLUS DURS QUE LES SABOTS D'UNE MULE!
CET HOMME BLANC EST VENU VOLER L'OR DE LA VILLE... IL APPELLE ÇA TAXER! SI NOUS LUI PRENIONS CET OR?... AVEC DE L'OR, NOUS POURRIONS PARTIR LOIN, Ô ERNEST..
?...

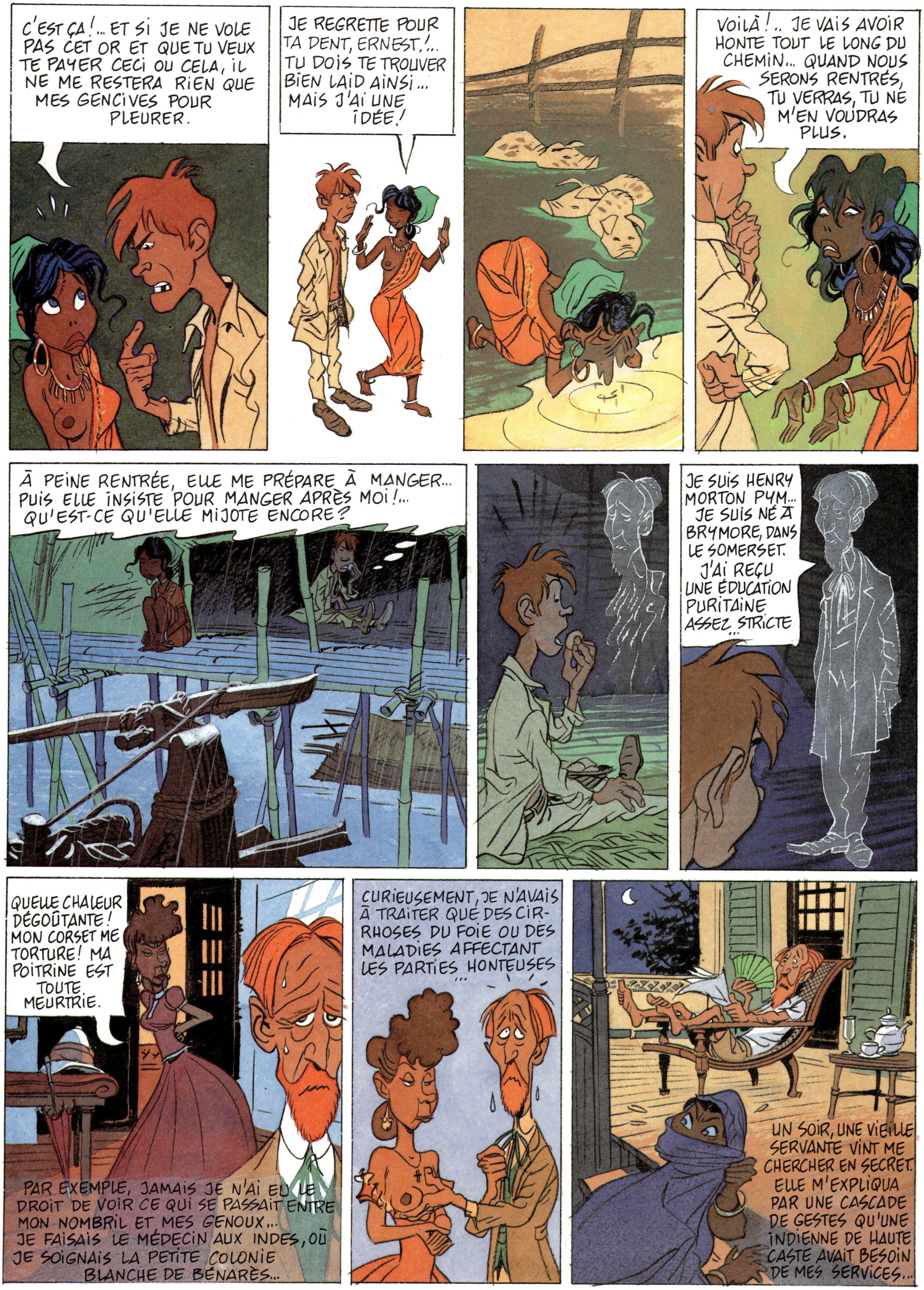
C'EST ÇA !... ET SI JE NE VOLE PAS CET OR ET QUE TU VEUX TE PAYER CECI OU CELA, IL NE ME RESTERA RIEN QUE MES GENCIVES POUR PLEURER.
JE REGRETTE POUR TA DENT, ERNEST !... TU DOIS TE TROUVER BIEN LAID AINSI... MAIS J'AI UNE IDÉE !
VOILÀ !.. JE VAIS AVOIR HONTE TOUT LE LONG DU CHEMIN... QUAND NOUS SERONS RENTRÉS, TU VERRAS, TU NE M'EN VOUDRAS PLUS.
À PEINE RENTRÉE, ELLE ME PRÉPARE À MANGER... PUIS ELLE INSISTE POUR MANGER APRÈS MOI !... QU'EST-CE QU'ELLE MIJOTE ENCORE ?
JE SUIS HENRY MORTON PYM... JE SUIS NÉ À BRYMORE, DANS LE SOMERSET. J'AI REÇU UNE ÉDUCATION PURITAINE ASSEZ STRICTE...
QUELLE CHALEUR DÉGOÛTANTE ! MON CORSET ME TORTURE ! MA POITRINE EST TOUTE MEURTRIE.
PAR EXEMPLE, JAMAIS JE N'AI EU LE DROIT DE VOIR CE QUI SE PASSAIT ENTRE MON NOMBRIL ET MES GENOUX... JE FAISAIS LE MÉDECIN AUX INDES, OÙ JE SOIGNAIS LA PETITE COLONIE BLANCHE DE BÉNARÈS...
CURIEUSEMENT, JE N'AVAIS À TRAITER QUE DES CIRRHOSES DU FOIE OU DES MALADIES AFFECTANT LES PARTIES HONTEUSES...
UN SOIR, UNE VIEILLE SERVANTE VINT ME CHERCHER EN SECRET. ELLE M'EXPLIQUA PAR UNE CASCADE DE GESTES QU'UNE INDIENNE DE HAUTE CASTE AVAIT BESOIN DE MES SERVICES...

MON INTERVENTION DEVAIT EMPÊCHER LA DEUXIÈME ÉPOUSE D'UN RAJAH D'ÊTRE PRÉCIPITÉE DU SOMMET DE LA PLUS HAUTE TOUR, OU D'ÊTRE JETÉE EN PÂTURE AUX CROCODILES DU PALAIS...
REMPLI DE HONTE, JE PÉNÉTRAI DANS LE ZÉNANA, OÙ VIVAIENT CLOÎTRÉES LES FEMMES DU RAJAH...
L'INDIENNE S'ÉTAIT DÉBARRASSÉE DE L'ENFANT D'UN AMANT. MAIS L'HÉMORRAGIE LA TUAIT LENTEMENT...
JE N'AVAIS PLUS LE CHOIX : J'ÉTAIS UN BLANC DANS LE QUARTIER INTERDIT DES FEMMES...
JE LA SAUVAIS MAIS JE REFUSAIS D'ÊTRE PAYÉ...
CEPENDANT, JE NE PUS REFUSER UN PRÉSENT SANS OFFENSER GRAVEMENT MA "CLIENTE"...
...LE PRÉSENT CONSISTAIT EN UNE STATUETTE EN OR MASSIF REPRÉSENTANT... HEU.. CE QU'ON REPRÉSENTE TOUJOURS AUX INDES DANS LEURS RELIGIONS PAÏENNES.
JE REGRETTAI SUCCESSIVEMENT D'AVOIR SOIGNÉ L'INDIENNE... D'AVOIR REFUSÉ L'ARGENT, ET ENFIN D'AVOIR ACCEPTÉ CE PRÉSENT... AUTANT DE GESTES QUI ALLAIENT RUINER MA VIE...

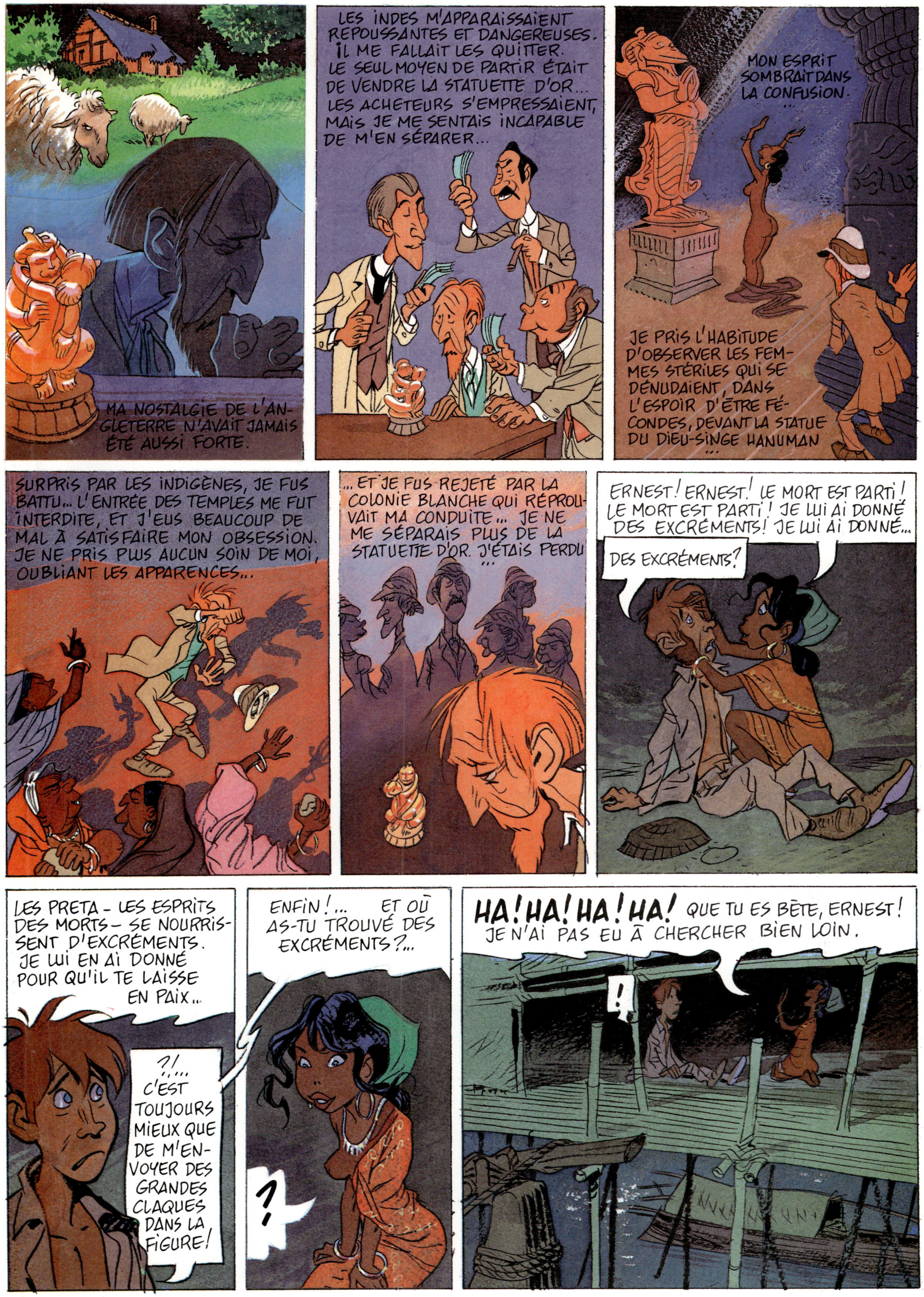

MA NOSTALGIE DE L'ANGLETERRE N'AVAIT JAMAIS ÉTÉ AUSSI FORTE.
LES INDES M'APPARAISSAIENT REPOUSSANTES ET DANGEREUSES. IL ME FALLAIT LES QUITTER. LE SEUL MOYEN DE PARTIR ÉTAIT DE VENDRE LA STATUETTE D'OR... LES ACHETEURS S'EMPRESSAIENT, MAIS JE ME SENTAIS INCAPABLE DE M'EN SÉPARER...
MON ESPRIT SOMBRAIT DANS LA CONFUSION...
JE PRIS L'HABITUDE D'OBSERVER LES FEMMES STÉRILES QUI SE DÉNUDAIENT, DANS L'ESPOIR D'ÊTRE FÉCONDES, DEVANT LA STATUE DU DIEU-SINGE HANUMAN...
SURPRIS PAR LES INDIGÈNES, JE FUS BATTU... L'ENTRÉE DES TEMPLES ME FUT INTERDITE, ET J'EUS BEAUCOUP DE MAL À SATISFAIRE MON OBSESSION. JE NE PRIS PLUS AUCUN SOIN DE MOI, OUBLIANT LES APPARENCES...
... ET JE FUS REJETÉ PAR LA COLONIE BLANCHE QUI RÉPROUVAIT MA CONDUITE... JE NE ME SÉPARAIS PLUS DE LA STATUETTE D'OR. J'ÉTAIS PERDU...
ERNEST! ERNEST! LE MORT EST PARTI! LE MORT EST PARTI! JE LUI AI DONNÉ DES EXCRÉMENTS! JE LUI AI DONNÉ...
DES EXCRÉMENTS?
LES PRETA - LES ESPRITS DES MORTS - SE NOURRISSENT D'EXCRÉMENTS. JE LUI EN AI DONNÉ POUR QU'IL TE LAISSE EN PAIX...
?!... C'EST TOUJOURS MIEUX QUE DE M'ENVOYER DES GRANDES CLAQUES DANS LA FIGURE!
ENFIN!... ET OÙ AS-TU TROUVÉ DES EXCRÉMENTS?...
?
HA! HA! HA! HA! QUE TU ES BÊTE, ERNEST! JE N'AI PAS EU À CHERCHER BIEN LOIN.
!

TU M'AS BIEN ADORÉ, Ô BEAU-FRÈRE... MAIS N'OUBLIE PAS LE "DON DE LA MÈRE SACRÉE", AFIN QUE LE MARIAGE CONTINUE...
TOUT DE SUITE, Ô KANANDA...
VOICI LA "MÈRE SACRÉE"... LA PLUS BELLE DE MON TROUPEAU.
AH! AH! OH! OH! OH! AH! AH! AH! OH! OH!
TA CASTE DE MARCHANDS T'A DISPENSÉ UN SAVOIR MISÉRABLE, Ô FUTUR BEAU-FRÈRE... NOUS AUTRES BRAHMANES, SAVONS QU'UNE MÈRE SACRÉE A UN MUFLE LUISANT, UN OEIL DOUX OMBRAGÉ DE LONGS CILS ET DES CORNES À L'IVOIRE DÉLICAT...
... MAIS, Ô IMPROBABLE BEAU-FRÈRE, ENTRE LA PEAU SANS DÉFAUTS ET LES OS SOLIDES, IL Y A BEAUCOUP, BEAUCOUP DE CHAIR ET DE GRAISSE... RETROUVE-LES ET RAMÈNE-LES-MOI...
BIEN, Ô BEAU-FRÈRE... AMÈNE-MOI MA FUTURE ÉPOUSE, À PRÉSENT... ET VOUS REPRENDREZ ENSEMBLE L'ADORATION... PUIS, NOUS MANGERONS.

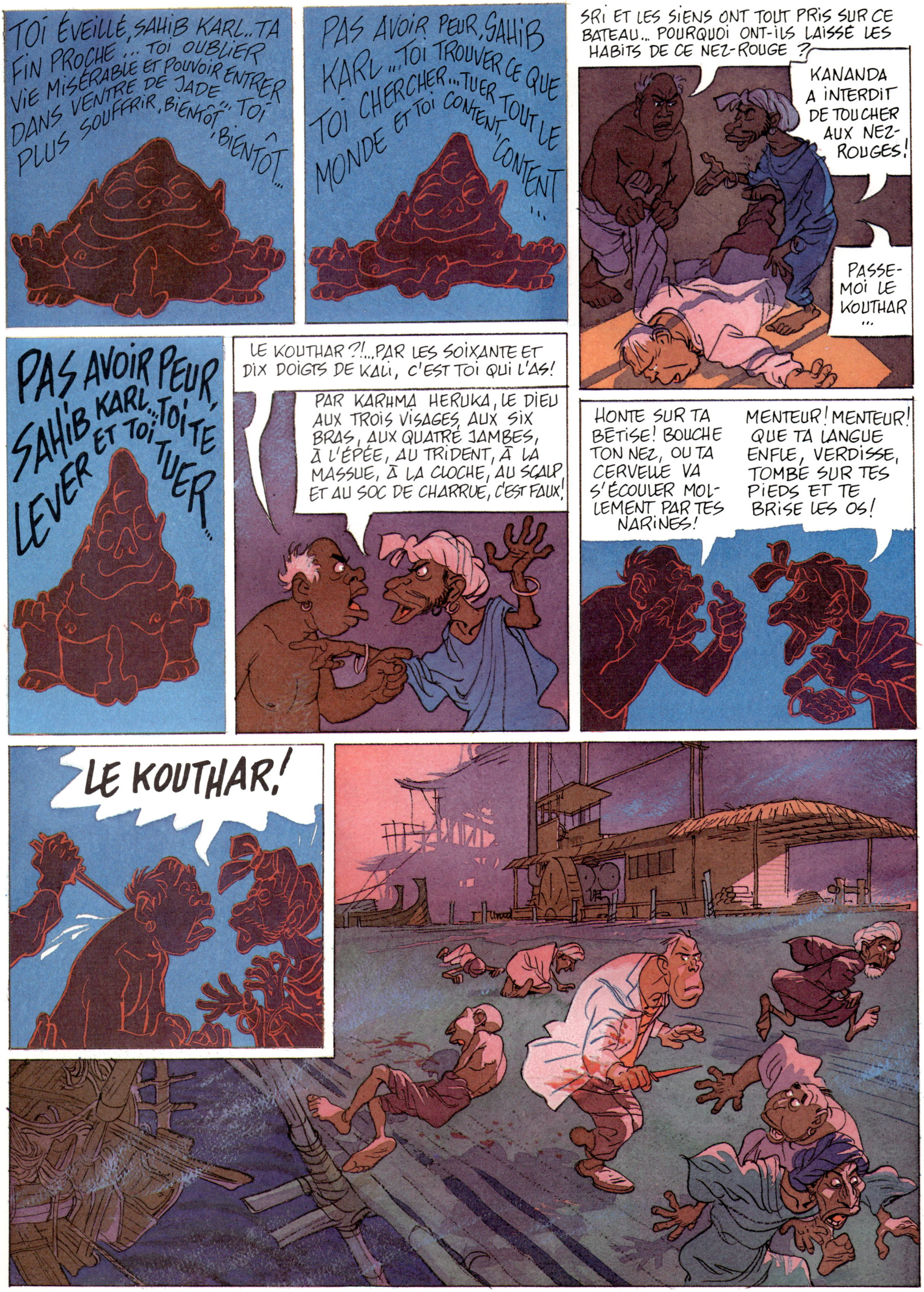
TOI ÉVEILLÉ, SAHIB KARL.. TA FIN PROCHE... TOI OUBLIER VIE MISÉRABLE ET POUVOIR ENTRER DANS VENTRE DE JADE... TOI PLUS SOUFFRIR, BIENTÔT, BIENTÔT...
PAS AVOIR PEUR, SAHIB KARL... TOI TROUVER CE QUE TOI CHERCHER... TUER TOUT LE MONDE ET TOI CONTENT, CONTENT...
SRI ET LES SIENS ONT TOUT PRIS SUR CE BATEAU... POURQUOI ONT-ILS LAISSÉ LES HABITS DE CE NEZ-ROUGE ?
KANANDA A INTERDIT DE TOUCHER AUX NEZ-ROUGES!
PASSE-MOI LE KOUTHAR...
PAS AVOIR PEUR, SAHIB KARL... TOI TE LEVER ET TOI TUER...
LE KOUTHAR ?!... PAR LES SOIXANTE ET DIX DOIGTS DE KALI, C'EST TOI QUI L'AS!
PAR KARHMA HERUKA, LE DIEU AUX TROIS VISAGES, AUX SIX BRAS, AUX QUATRE JAMBES, À L'ÉPÉE, AU TRIDENT, À LA MASSUE, À LA CLOCHE, AU SCALP ET AU SOC DE CHARRUE, C'EST FAUX!
HONTE SUR TA BÊTISE! BOUCHE TON NEZ, OU TA CERVELLE VA S'ÉCOULER MOLLEMENT PAR TES NARINES!
MENTEUR! MENTEUR! QUE TA LANGUE ENFLE, VERDISSE, TOMBE SUR TES PIEDS ET TE BRISE LES OS!
LE KOUTHAR!

TOI FUMER OPIUM, JEUNE "NEZ-ROUGE"... TOI DEVENIR PLUS MALIN. TOI POUVOIR COMPRENDRE... MOI T'EXPLIQUER ...
...TOI RECONNAÎTRE CE "NEZ-ROUGE"?... LUI CHERCHER PLAISIR DANS TÊTE... TOI TE RAPPELER? THUGS AVOIR TUÉ SERVITEURS DE LUI. LUI ACCUSÉ DU CRIME... LUI RUINÉ, FINI. ...FUIR JUSQU'À MORT...
ET LUI?... LUI CHERCHER FEMMES... ET LUI TROUVER MALADIES DANS FILLES À VENDRE...
...LUI CHERCHER OR...
LUI CHERCHER DIEU...
ELLE CHERCHER SAGESSE ...
LUI VOULOIR ABAISSER AUTRES HOMMES ...
EUX TOUS PERDUS POUR ROYAUME DES "NEZ-ROUGES" ET PERDUS POUR AUTRES BLANCS... MOI LES RAMASSER MAIS MOI RIEN PRIS À PERSONNE...
SAHIB SEIGNEUR KARL TRÈS FORT! LUI CHERCHER OR ET POUVOIR LUI PAS AVOIR TROUVÉ... TRÈS DOMMAGE!
ET TOI, JEUNE NEZ-ROUGE?
TOI CHERCHER QUELQUE CHOSE À CROIRE DEDANS. TOI CHERCHER LONGTEMPS. TOI PERDRE DES MORCEAUX ET RIEN GAGNER EN ÉCHANGE.
ALORS TOI AUSSI, CONTENT VENIR DANS VENTRE DE JADE...
L'AMOK EST LE CHEMIN QUI MÈNE À MON VENTRE ...
MOI PARLER AVEC DIEUX... C'EST POURQUOI AVOIR TROISIÈME OEIL...
MOI ÊTRE TRÈS PUISSANT, MOI GROSSE QUEUE...
MOI ÊTRE PRÉCIEUX... GRANDE RICHESSE, ALORS MOI GRAS.

MEUHH
MMEUH
MEUHH!
L'AMOK
MMEUHHHH...
AAH!
LE SAHIB VENU DU FLEUVE! BRAHMA! ÇIVA! VISHNU! KALI! PARVATI! GANESHA! VENEZ TOUS À MON SECOURS...

HANÛMAN! BHÎMA! ARDHANÂRÎÇVARAÂÂÂÂRH!
JE SUIS L'ESPRIT DE MISS MARGARET TIPSET... SOUS PRÉTEXTE DE CHERCHER UN ÉPOUX, JE VISITAIS L'EMPIRE BRITANNIQUE...
JE PENSAIS APPRENDRE BEAUCOUP DE L'INDE À LA CIVILISATION MILLÉNAIRE... AU-DELÀ DES SIMPLES SUPERSTITIONS DES MYSTIQUES HINDOUS, JE GUETTAIS UNE VÉRITABLE SAGESSE...
J'AVAIS ASSISTÉ À UN TYPHON ET À L'ÉPIDÉMIE DE CHOLÉRA QUI S'ENSUIVIT... MON INTELLIGENCE, TREMPÉE DANS L'HORREUR DE CES ÉPREUVES, AVAIT ACQUIS RÉSISTANCE ET SOUPLESSE...
EN 1857, QUAND LES SOLDATS INDIGÈNES SE MUTINÈRENT, J'ÉTAIS À LUCKNOW, OÙ PRESQUE TOUS MES COMPATRIOTES FURENT MASSACRÉS...

NOUS ÉTIONS QUELQUES BLANCS À AVOIR TROUVÉ REFUGE CHEZ UN RICHE INDIEN SYMPATHISANT, PASSIONNÉ DE CULTURE OCCIDENTALE...
ÇA Y EST, ILS SONT PASSÉS!
NOUS POUVIONS ÊTRE TRAHIS PAR N'IMPORTE QUEL SERVITEUR. AUSSI, POUR CHASSER NOTRE ANGOISSE, NOUS JOUIONS...
À VOTRE TOUR, MISS TIPSET... À QUOI JOUERONS-NOUS?
EH BIEN... POURQUOI PAS UNE BATAILLE DE POLOCHONS?
TRÈS BONNE IDÉE! QUI SE BAT CONTRE MOI?
JE SUIS SÛRE QUE NOTRE HÔTE SERA RAVI D'ESSAYER...
LE PREMIER QUI TOMBE A PERDU. ALLEZ ET FRAPPEZ HARDIMENT!
EN QUELQUES COUPS, L'INDIEN PERDIT SA CONNAISSANCE, SES BABOUCHES ET SES CLÉS...
?
LE MALAISE DE NOTRE HÔTE NOUS PERMET DE VISITER DISCRÈTEMENT LE HAREM...
Ô ALI! SOUVIENS-TOI DES NUITS OÙ NOUS AVONS JOUÉ ENSEMBLE DANS MA CAGE! SI TU NE ME LAISSES PAS ENTRER, KRISHNA, LE DIEU DE L'AMOUR, TE PRENDRA TA FLÛTE!
VA-T'EN, SALE GUENON! TU VAS ATTIRER L'AMOK SUR MOI!
MAUDIT BABOUIN! QUE LES OS DE TON CRÂNE S'EFFRITENT ET TOMBENT DANS TES BABOUCHES!
VA-T'EN! VA MOURIR LOIN DE MON BOUTRE!
BOUM! BOUM! BOUM!
OUVRE, MAÎTRE DE MAISON! C'EST MOI, KALIANI!

KALIANI ?! QUE VIENS-TU FAIRE ICI ?.. TU TREMBLES COMME UN LOTUS SOUS L'ORAGE...
PÈRE ! LAISSE-MOI ENTRER, VITE !
PÈRE, JE SUIS POURSUIVIE PAR UN "AMOK". SI TU NE ME LAISSES PAS ENTRER, IL VA ME TUER... ET... ET LA MÈRE DES CAGES T'OBLIGERA À LUI RENDRE L'ARGENT DE MA VENTE...
AÏÏÏ ! AHMED ! PORC MANGÉ DES VERS !
TU OSES RAMENER CETTE PUTAIN NOIRE SOUS NOTRE TOIT...
JETTE-LA DEHORS, SINON TU N'AURAS JAMAIS DE FILS !
J'AI DÉJÀ ONZE FILLES, KALIANI ! SORS DE CHEZ MOI ! RETOURNE AVEC TES BLANCS !
AÏÏÏ !!!
...DÈS MES PREMIERS PAS AU HAREM, JE FUS DÉÇUE PAR L'ATTITUDE DES FEMMES INDIGÈNES...
CE N'ÉTAIENT QUE CRIS ET LAMENTATIONS... ELLES PIAILLAIENT COMME DE LA VOLAILLE DANS CETTE BASSE-COUR DE PIERRE ROSE...

JE FUS MORTIFIÉE DE VOIR QUELLE FASCINATION EXERÇAIENT CES CHAIRS NOIRES SUR MES COMPAGNONS ...
EN GUISE DE SAGESSE, CES FEMMES N'AVAIENT QUE MAMELLES, FESSES GRASSES ET SEXES BÉANTS!
L'ORIENT N'AVAIT PU M'OFFRIR QU'UNE COLLECTION D'ANTIQUES CURIOSITÉS...
CRRSH...
CRR...
HMMFF
ERNEST! LE NEZ-ROUGE DU BATEAU À ROUES!... IL VA NOUS TUER! RÉVEILLE-TOI!
CRAK

CRK...
CRRR
CRAK
CR...
HAN!
PFOU!
AHRR...
... AS-TU REMARQUÉ LA LÉGÈRETÉ DE L'AIR?... TOUT EST LIMPIDE! LUMINEUX! ... KALIANI, TU M'ENTENDS?
K-KALIANI... JE ME SENS MERVEILLEUSEMENT B-BIEN!... TOUT EST C-C-CLAIR...

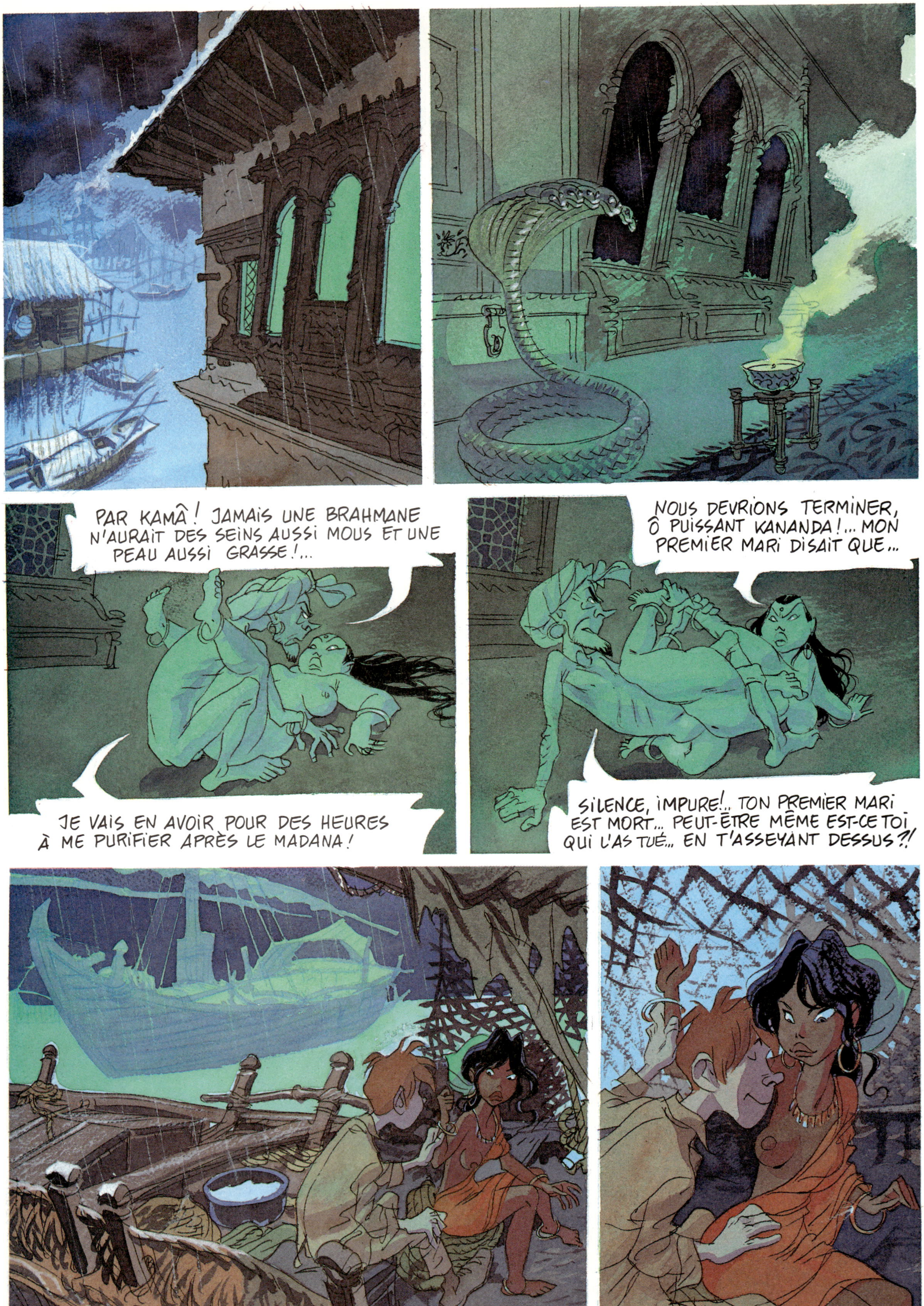

PAR KAMÂ ! JAMAIS UNE BRAHMANE N'AURAIT DES SEINS AUSSI MOUS ET UNE PEAU AUSSI GRASSE !...
JE VAIS EN AVOIR POUR DES HEURES À ME PURIFIER APRÈS LE MADANA !
NOUS DEVRIONS TERMINER, Ô PUISSANT KANANDA !... MON PREMIER MARI DISAIT QUE...
SILENCE, IMPURE !.. TON PREMIER MARI EST MORT... PEUT-ÊTRE MÊME EST-CE TOI QUI L'AS TUÉ... EN T'ASSEYANT DESSUS ?!

LA CÉRÉMONIE DE MARIAGE ÉTAIT SI BELLE, Ô KANANDA! ... QUEL DOMMAGE QUE LE NEZ-ROUGE AIT TOUT GÂCHÉ EN FAISANT "AMOK"!
PAR KÂLI! CE MANGEUR DE PORC A MÊME TUÉ LA "MÈRE SACRÉE"!
POURQUOI N'AS-TU PAS ORDONNÉ LA MORT DU NEZ-ROUGE, Ô PUISSANT KANANDA?!
SI JE TE LE DISAIS, ÇA NE TE DONNERAIT PAS UNE ÂME... ALORS, À QUOI BON?

MAIS ENFIN, QUE FAIS-TU DONC? PAR LES MILLE AMANTES DE KRISHNA, COMMENT POURRAIS-JE INTRODUIRE MON LINGAM DANS TA YONI DE CETTE FAÇON!?
ET AINSI, MON MAÎTRE? TROUVES-TU MON CHEMIN?
... Ô PUISSANT KANANDA... FERAS-TU RÉDUIRE LES TAXES QUI PÈSENT SUR MON FRÈRE?
BON SANG, CAPTAIN! JE N'AVAIS JAMAIS VU UNE CHOSE PAREILLE! ...
... TOUS CES MACAQUES QUI COURAIENT DANS TOUS LES SENS ... ET CETTE VACHE ÉTRIPÉE... C'EST BÊTE QUE VOUS NE VOUS RAPPELIEZ PLUS RIEN : C'ÉTAIT QUELQUE CHOSE!
ENFIN! L'IMPORTANT, C'EST QUE VOUS VOUS SOYEZ SOUVENU DE MOI! ... L'AMITIÉ, ÇA AUSSI C'EST QUELQUE CHOSE, PAS VRAI, CAPTAIN?

ATTENTION, CAPTAIN!... NE VOUS FAITES PAS MAL!
MON DIEU! NOS HOMMES D'ÉQUIPAGE... LEUR MORT A DÛ ÊTRE ABOMINABLE!
LÂCHE MA VESTE, IMBÉCILE! QU'EST-CE QUE ÇA PEUT BIEN TE FAIRE? APRÈS TOUT, TU ES DÉJÀ MORT!
JE... MAIS..?! MAIS ALORS PLUS PERSONNE NE PEUT ME FAIRE DU MAL!
NON. ET SI JE T'OUBLIE, TU DISPARAIS. LÀ, PLUS RIEN NE TE FERA QUOI QUE CE SOIT!

ÉVIDEMMENT... SANS ÉQUIPAGE ET SANS BATEAU! ...
... MAIS HEUREUSEMENT, JE SUIS LÀ, MOI... HEIN, CAPTAIN?... CAPTAIN?...
?
TOI PENSER À MON VENTRE DE JADE, SAHIB KARL... TOI Y ÊTRE PRESQUE ...
RÉAGISSEZ, CAPTAIN! NE VOUS LAISSEZ PAS FAIRE PAR CETTE...! CETTE CHOSE!
BRAVO, CAPTAIN! ELLE DISPARAÎT!
HÉ! CAPTAIN CAP...

MON BOUTRE! SALE BÂTARD VOMI PAR LE CUL D'UN PORC!
JE... JE L'AVAIS TOUT À FAIT OUBLIÉ, CELUI-LÀ!
ENFIN!.. À MANGER!

JE SUIS FRANCIS COLDMAN ...
J'AI ERRÉ TOUTE MA VIE ...
J'AI CHERCHÉ LA FEMME ... J'AI CHASSÉ LES FEMMES DE COULEUR SANS ME LASSER...
J'ÉTAIS PROFESSEUR D'ARCHÉOLOGIE ET J'ACHETAIS POUR UN MUSÉE DES PIÈCES DE L'INDE ANTIQUE... ARMES, BIJOUX, IVOIRES, JADES, ETC.
MON TRAVAIL EXIGEAIT DE LONGS MARCHANDAGES. IL ME RESTAIT PEU DE TEMPS POUR SATISFAIRE MES BESOINS... J'AVAIS UN AVANTAGE: LES INDIENS RESPECTENT LES ARCHÉOLOGUES ...
... PARCE QU'ILS LES CROIENT EN RELATION AVEC LES ESPRITS.
J'UTILISAIS CETTE CRAINTE SUPERSTITIEUSE POUR VAINCRE LA RÉSISTANCE DES FEMMES... JE LES PRENAIS DANS LES ENDROITS LES PLUS... EUH... LES PLUS DIVERS. JE ME SOUVIENS, PAR EXEMPLE, D'UN TEMPLE EN RUINE DANS LA JUNGLE ... J'AI POSSÉDÉ BEAUCOUP DE FEMMES. J'AI MÊME EU UNE DE CES PAÏENNES...
... À PLUSIEURS MARIS, QUI VIVENT DANS LES MONTS DU KANAWER...

J'AI TOUJOURS FORNIQUÉ DANS L'OBSCURITÉ, EN BON PURITAIN...
... L'IDÉE DE VOIR CES FEMMES APRÈS L'ÉTREINTE ME DÉGOÛTAIT, ET JE LES QUITTAIS AVANT LE JOUR...
UNE FOIS POURTANT, L'AUBE M'A SURPRIS ET J'AI VU... J'AI VU QUE LA BELLE DANSEUSE DE LA VEILLE S'ÉTAIT CHANGÉE EN UNE INFECTE VIEILLE FEMME!
... J'APPRIS LA VÉRITÉ! JE N'AVAIS POSSÉDÉ QU'UNE SEULE FEMME! CELLE QUI ÉTAIT LÀ SOUS MES YEUX!
... CETTE VIEILLE PROSTITUÉE, PAYÉE PAR UN INDIGÈNE POUR REMPLACER MES CONQUÊTES, LA NUIT VENUE...
MALGRÉ TOUS MES EFFORTS, JE NE PUS JAMAIS ÉCHAPPER À CETTE VIEILLE COURTISANE...
ATTENDRE, STUPIDE NEZ-ROUGE! ÉCOUTER ENCORE...

...JE NE CHERCHAIS NI POUVOIR NI FORTUNE EN PARTANT POUR LES INDES... J'AVAIS TENTÉ PLUSIEURS EXPÉRIENCES D'OCCULTISME, ET QUAND J'APPRIS L'EXISTENCE DE LA FIGURINE...
... JE FIS TOUT POUR M'EN EMPARER... POUR CELA, JE DUS TUER SON POSSESSEUR. LA FIGURINE ME FIT ACCÉDER À UNE AUTRE RÉALITÉ !
MA VIE FUT TRANSFORMÉE.. HÉLAS, JE PERDIS TOUTE PRUDENCE...
MA FEMME ET MES PAIRS ME REJETÈRENT ...
TOI ABANDONNER FAMILLE, PAYS, PASSÉ... CAR TOI VOULOIR ÊTRE MEILLEUR ! PLUS VOULOIR ÊTRE UN NEZ-ROUGE COMME LES AUTRES...
TOI VOULOIR ÊTRE PLUS MALIN. TOI MÊME FAIRE SEMBLANT AIMER PEAUX NOIRES !... TOI CREUX, TOI SANS FOI ET TOI CHERCHER LOIN, LOIN POUR TROUVER QUELQUE CHOSE À CROIRE DEDANS ...
TOI CHERCHER PARTOUT ET TOI PAS COMPRENDRE BONHEUR DE M'AVOIR TROUVÉ, MOI JOLIE PERLE ET TOI AFFREUX COCHON !

TOI REGARDER!
VITE!!

IL EST DÉJÀ MORT ?!
C'EST DÉGOÛTANT !
KÂLI AURAIT DÛ LE FAIRE SOUFFRIR DES HEURES !
BRAVO, JEUNE NEZ-ROUGE ! TOI ET MOI ÊTRE TOUJOURS ENSEMBLE MAINTENANT !
AÏ''''''''!
TU AS PRIS LE DÉMON DE JADE !

Ô FEMME SPLENDIDE! TU ES PROFONDE DE TROIS FAÇONS: PAR TA VOIX, TON INTELLIGENCE ET TON NOMBRIL!... AINSI, TU N'AURAS PAS À TOUCHER AUX PIEDS DE QUICONQUE, NI À DES RESTES DE NOURRITURE!
N'OUBLIE RIEN, Ô MA SŒUR : TU DÉCHIRES LA TOILE ET TU DÉNONCES TON ÉPOUX KANANDA COMME UN SANS-CASTE!
QUELLE INSOLENCE! AS-TU OUBLIÉ QUE SEUL UN ÊTRE NÉ DU CUL D'UN BRAHMANE PEUT S'UNIR À UN AUTRE BRAHMANE?... JAMAIS LE FILS D'UN VIL MANGEUR DE VIANDE NE TOUCHERA À UNE FILLE DE BRAHMANE!
VITE! VAS-Y!
AH! DANS MA COLÈRE, DES FLAMMES JAILLISSENT DE MES ORIFICES COMME DES CAVITÉS D'UN ARBRE EN FEU!...
RAAAH! VA-T'EN EN RAMPANT, LIMACE PARMI LES HOMMES, SINON...
OH! OOOH!
? ? ?
CRAKK...

SILENCE, PAR KÂLI ! KANANDA EST UN IMPOSTEUR ! IL N'EST PAS BRAHMANE : C'EST UN INTOUCHABLE DE LA CASTE DES LAVEURS DE LINGE ! ... CE MAUDIT S'EST VAUTRÉ SUR MOI...
... ET M'A SOUILLÉE DE SA SEMENCE, SOEUR DE L'ORDURE. ET VOUS ÊTES TOUS IMPURS ! TOUS, VOUS AVEZ PRIS LA POUSSIÈRE DE SES PIEDS INFECTS !
ATTRAPEZ-LE ! NE LE LAISSEZ PAS S'ENFUIR !
PAR BRAHMÂ ! J'EN AI POUR HUIT MOIS DE PURIFICATIONS RITUELLES ET TROIS PÈLERINAGES À BÉNARÈS ...
BAH ! TON PREMIER MARI A BRÛLÉ TOUT SEUL À SA MORT ET TU RÉPUDIES TON SECOND MARI... AINSI, NOUS SOMMES BEAUCOUP PLUS RICHES ! MAINTENANT QUE J'AI LA CHARGE DE CONSEILLER LE RAJAH, IL VA ÊTRE FACILE DE NOUS DÉBARRASSER DE TOUS CES ÉTRANGERS !
MAIS LE BATEAU À FUMÉE EST DÉTRUIT, L'ÉQUIPAGE EST MORT ET L'AMOK ACCOMPLI... QUE VEUX-TU D'AUTRE, Ô MON FRÈRE ?
IL RESTE LE JEUNE NEZ-ROUGE QUI PORTE LE DÉMON DE JADE...
AÏÏÏÏ ! PAR KÂLI ! JE NE VEUX PAS DU DÉMON DE JADE DANS MA VILLE !
DING !
ET JE VEUX PUNIR CET INTOUCHABLE, NÉ D'UNE PUSTULE DU CRAPAUD !

CALME-TOI, KALIANI ! APRÈS TOUT, CE N'EST QU'UN VILAIN MORCEAU DE JADE !
ET... ET MAINTENANT, LE DÉMON DE JADE EST DEVENU TON MAÎTRE ! POURQUOI ES-TU VENU ICI ? POURQUOI N'ES-TU PAS RESTÉ DANS TON PAYS ? TU AS LES YEUX REMPLIS DE BOUSE, PAUVRE SAHIB !
QUAND J'AI LES FIÈVRES, TU CROIS MA YONI MALADE !... TU ÉCOUTES LES MORTS ET TU FERMES TES OREILLES AUX VIVANTS ! ET QUAND LE SAHIB DU BATEAU À ROUES FAIT AMOK, TU CROIS QU'IL VEUT JOUER !...
ELLE N'ÊTRE PAS LÀ, SAHIB ! ... PERSONNE ICI !
PARDON, SAHIB !

TOI !... TOI, ÉCOUTE-MOI !
VA-T'EN, SAHIB ! JE NE VEUX PAS ÊTRE LÀ QUAND TU FERAS AMOK À TON TOUR !
PAUVRE IDIOTE ! TOUS LES PORTEURS DE LA FIGURINE ONT FAIT AMOK ET MOI JE DOIS FAIRE COMME LES AUTRES, C'EST ÇA ?
TOI, ON T'A MISE DANS UNE CAGE, ALORS, TU AS FAIT LA PUTAIN, C'EST NORMAL !
OUI ! C'EST NORMAL ! TU ES UN BLANC, ET TU NE SAIS PAS QUE TA VIE EST DÉJÀ ÉCRITE ! TU NE PEUX RIEN CHANGER ! TOUT LE MONDE SE MOQUE DE CE QUE TU VEUX, TOI !
ÉCOUTE-MOI : TON DÉMON DE JADE A BESOIN DE SACRIFICES RÉGULIERS ...
... IL EST DONC VULNÉRABLE !... JE VAIS L'ABANDONNER À LUI-MÊME : ALORS, IL S'ÉPUISERA.
MAIS...TU... ON NE PEUT PAS ! LE DÉMON DE JADE TE FORCERA...
... CE N'EST PAS POSSIBLE ! C'EST TROP SIMPLE...
POURQUOI PAS ? DES TAS DE CHOSES EXISTENT SIMPLEMENT PARCE QU'ON CROIT EN ELLES... JE NE VEUX PAS CROIRE À CE DÉMON DE JADE !
MAIS ICI, TOUT LE MONDE Y CROIT.

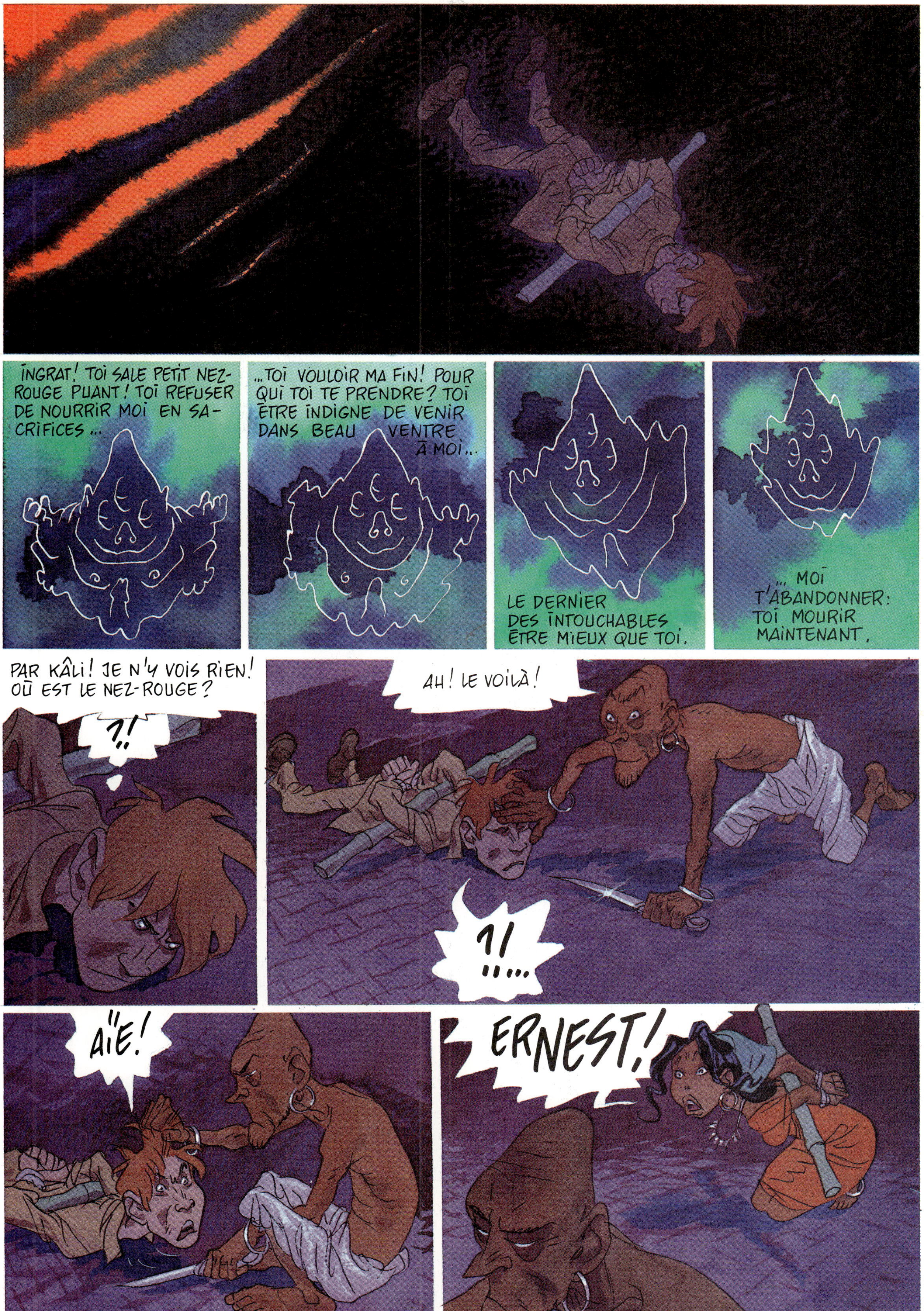
INGRAT! TOI SALE PETIT NEZ-ROUGE PUANT! TOI REFUSER DE NOURRIR MOI EN SACRIFICES...
...TOI VOULOIR MA FIN! POUR QUI TOI TE PRENDRE? TOI ÊTRE INDIGNE DE VENIR DANS BEAU VENTRE À MOI...
LE DERNIER DES INTOUCHABLES ÊTRE MIEUX QUE TOI.
... MOI T'ABANDONNER: TOI MOURIR MAINTENANT.
PAR KÂLI! JE N'Y VOIS RIEN! OÙ EST LE NEZ-ROUGE?
?!
AH! LE VOILÀ!
?!
!!...
AÏE!
ERNEST!

JE NE SUIS PAS FÂCHÉ DE PARTIR!... LE SEUL BLANC QUE J'AI RENCONTRÉ DANS CE TROU À RATS M'A ASSOMMÉ ET DÉPOUILLÉ ... SAIS-TU POURQUOI NOUS N'AVONS PAS ANNEXÉ CETTE VILLE ?
PARCE QUE C'EST LE TROU DU CUL DE L'EMPIRE DES INDES, VOILÀ POURQUOI! LA REINE N'Y TOUCHERAIT PAS AVEC DES PINCETTES!
TU AS RAISON, Ô SAHIB! AVANT TON DÉPART, FAIS-NOUS LA GRÂCE D'ACCEPTER QUELQUES PRÉSENTS.
VOYONS ÇA!
MAIS?... C'EST MA VESTE! COUVERTE DE SANG SÉCHÉ ...

QU'EST-CE QUE CELA SIGNIFIE? JE...
LAISSEZ PASSER, PAR CITALA, DÉESSE DE LA VARIOLE!
AVANCE, Ô PRINCE DES LAVEURS DE LINGE! ET SALUE TON NOUVEAU MAÎTRE!
?
TIENS, SAHIB! IL NETTOIERA POUR TOI!
JE L'AI VU QUELQUE PART DÉJÀ, NON? QU'EST-CE QU'IL TIENT DANS LA MAIN?
POUAH! QUELLE HORREUR! VRAIMENT, C'EST D'UN GOÛT!
ON ARRÊTE LÀ LES CADEAUX, C'EST DE MAL EN PIS!... L'OR EST EMBARQUÉ? ALORS, ADIEU!

DEBOUT, MES FILLES ! LE DIEU AUX TROIS TÊTES VELUES NE VA PAS VOUS ATTENDRE...
ALLONS ! TOUTES DEVANT AGNI, LE FEU PURIFICATEUR !... ET NE BRÛLEZ PAS VOS SARIS !
GRANDE EST MA FAIBLESSE, Ô KALIANI !... JE TE DONNE LA CHANCE DE REPRENDRE TA PLACE PARMI MES FILLES, MALGRÉ TES FAUTES...
IL FAUDRA PLUS DE TEMPS POUR QUE LE FEU PURIFIE TON CORPS DE L'EMPREINTE DU BLANC...
JE NE T'APPARTIENS PAS, Ô MÈRE DES CHAROGNES ! ...TU M'AS VENDUE ! JE NE TE SERVIRAI PLUS...

AÏÏÏEE
LÂCHE-MOI !
JE T'AURAIS VENDUE SEPT FOIS QUE TU M'APPARTIENDRAIS ENCORE !... TU ENTENDS, FILLE DE L'INGRATITUDE ?!
LES SEPT LANGUES DU DIEU LAVERONT TES FAUTES !
TAF !
ARRÊTE, KALIANI ! TU...
AÏ !
AAAAHHHH
AÏÏAAHRRR
CRTSSHRR...

COMMENT TE SENS-TU, MÈRE?
JE SOUFFRE PLUS QUE SI J'ACCOUCHAIS D'UN BOEUF!
AÏ AÏ AÏ
AÏÏ
TU N'AS PAS VU TA TÊTE, GROSSE MÈRE! TU RESSEMBLES À UN CURRY DE COURGE
AH! AH! AH!
JE SUIS PLUS FORTE QUE LA GROSSE MÈRE! TREMBLEZ, MES SOEURS...
LAQUELLE D'ENTRE VOUS VEUT ME METTRE EN CAGE, À PRÉSENT?
LAISSONS-LA! ELLE A PERDU L'ESPRIT...
REVENEZ, FILLES DE L'ORDURE!
PAR KÂLI, ELLE EST FOLLE!
C'EST SÛREMENT D'ÊTRE ALLÉE AVEC UN BLANC!

KALIANI... QUE VAS-TU FAIRE ? TU N'AS NULLE PART OÙ ALLER...
QU'ESPÈRES-TU ? TU ES UNE FILLE DES CAGES COMME NOUS TOUTES ! TU N'AURAS AUCUN REFUGE DANS LA VILLE... ET TU NE POSSÈDES RIEN !
SI TU DEMANDES PARDON À LA MÈRE, ELLE TE REPRENDRA PEUT-ÊTRE...
QU'EST-CE QUI T'A PRIS LE JOUR OÙ TU T'ES ENFUIE AVEC CE BLANC ?! TU AS VU CE QUI LUI EST ARRIVÉ ! VEUX-TU FINIR COMME CE FOU ?
QU'EST-CE QUE TU AS, KALIANI ? QU'EST-CE QUE TU VEUX FAIRE ?
AÏÏE ! NE ME FAIS PAS DE MAL !
TAIS-TOI, PAUVRE IDIOTE !
NON, KALIANI ! JE NE VEUX PAS D'ENNUIS AVEC LA MÈRE DES CAGES : ELLE ME REFILERAIT TOUTES SES FILLES MALADES... MAIS DEMANDE AU BENGALI ; LUI N'EST PAS D'ICI...
TU VEUX QUITTER LE PAYS ET TU M'OFFRES CETTE FILLE EN ÉCHANGE ? MARCHÉ CONCLU, PAR ÇIVA !

TU VAS PAS FAIRE ÇA, KALIANI ? ... TU VAS PAS ME VENDRE ?!
QUE POURRAIS-JE VENDRE D'AUTRE, HEIN ? ALLEZ, AVANCE !
ELLE M'APPARTIENT MAINTENANT ! ALORS ON N'ABIME PLUS LA MARCHANDISE !
ELLE T'APPARTIENDRA QUAND TU M'AURAS CONDUITE LOIN D'ICI !
AS-TU DÉJÀ VU CALCUTTA ?
OUI, BIEN SÛR...
DIS-MOI : C'EST COMMENT ?
CALCUTTA ? C'EST LOIN.

Dr. Oetker

# Studentenfutter

MULTIKULTI

Dr. Oetker

# Studentenfutter

MULTIKULTI

Dr. Oetker Verlag

# Vorwort

Wer träumt nicht von einem Auslandssemester im sonnigen Andalusien oder im Land der Feinschmecker – Frankreich? Kurz mal dem grauen und tristen Uni-Alltag und dem Prüfungsstress entfliehen!

Studentenfutter Multikulti bietet diese Möglichkeit, zumindest am heimischen Herd. Einfach auf kulinarische Weltreise gehen und eine feurige Cancha Mexicana oder Schwedische Köttbullar für sich entdecken.

In Studentenfutter Multikulti finden Sie Highlights aus aller Herren Länder – natürlich wieder mit Tipps und Tricks – wenn es schnell gehen muss, eine Party geplant ist oder wenn es mal was Vegetarisches sein soll.

Also, schnell ein kulinarisches Ziel ausgesucht und los geht´s.

# Ratgeber

# Vorrat und Küchenausstattung

**Allgemeine Hinweise zu den Rezepten**

Alle Rezepte, die für 8–10 Personen angegeben sind, lassen sich problemlos halbieren. Wenn Sie keine großen Pfannen oder Auflaufformen besitzen, um größere Portionen zuzubereiten, können Sie die Gerichte auf 2 Portionen aufteilen. Oder Ihre Mutter oder der Nachbar hilft mit einer großen Form aus. Fehlt Ihnen der Backofen, können Sie einige Gerichte auch in einer Pfanne zubereiten, beachten Sie dazu den Tipp unter den Rezepten.

**Abkürzungen:**

EL = Esslöffel
TL = Teelöffel
Msp. = Messerspitze
Pck. = Packung/ Päckchen
g = Gramm
kg = Kilogramm
ml = Milliliter
l = Liter
Min. = Minuten
Std. = Stunden
evtl. = eventuell
geh. = gehäuft
gestr. = gestrichen
TK = Tiefkühlprodukt
°C = Grad Celsius
ø = Durchmesser
E = Eiweiß
F = Fett
Kh = Kohlenhydrate
kcal = Kilokalorien
kJ = Kilojoule
BE = Broteinheit

Wer international bzw. multikulti kochen möchte, benötigt neben der Grundausstattung weitere Zutaten, Gewürze und Kochutensilien. Natürlich werden keine Unmengen an exotischen Gewürzen oder Zutaten benötigt, aber es empfiehlt sich, seinen Vorrats- und Kühlschrank auf Vordermann zu bringen.

# Grundausstattung

## Vorrat:

### Frische Produkte

(am besten im Kühlschrank aufbewahren):

- Milch und Milcherzeugnisse, z. B. Sahne oder Crème fraîche, Käse, Butter oder Margarine
- Eier
- Heißwürstchen
- gekochter Schinken
- Mayonnaise (in der Tube oder im Glas)
- Ketchup
- Tomatenmark

### Nährmittel

(im Vorratsschrank aufbewahren):

- Nudeln
- Reis
- Kartoffeln
- Zwiebeln
- Dosen, z. B. Tunfisch, passierte Tomaten (gibt es auch im Tetra Pak®), Pizza-Tomaten, Mais, Bohnen
- Speiseöl
- Mehl
- Zucker
- getrocknete Kräuter, z. B. Rosmarin, Petersilie, Schnittlauch
- Gewürze, z. B. Salz, Pfeffer, Paprikapulver, Muskatnuss, Curry

### Tiefkühlprodukte

- Gemüsemischungen, z. B. asiatisch, französisch, italienisch
- Blätterteig
- Kräuter

### Küchenausstattung

- Töpfe, Pfannen und Auflaufformen in verschiedenen Größen
- Schneidebretter
- Messer, große zum Gemüse-, Brot- und Fleischschneiden, kleine Schälmesser oder einen Sparschäler
- Dosenöffner
- Handrührgerät, Pürierstab
- Küchenwaage
- luftdicht verschließbare Kunststoffgefäße
- Rührschüssel, Messbecher
- Geschirrtücher
- Haushaltssieb

## Was man sonst noch braucht:

### Gewürze

- Ingwer (frisch oder gemahlen)
- Zitronengras (frisch oder gemahlen)
- Chili (frisch oder gemahlen)
- Knoblauch (frisch oder gemahlen)
- Koriander (frisch oder Koriandersamen)
- Basilikum (frisch)
- Thymian (frisch oder getrocknet)
- Majoran (frisch oder getrocknet)

### Sonstiges

- Kokosmilch
- Olivenöl
- Oliven
- Sojasauce
- Sambal Oelek

Lesen Sie vor der Zubereitung das Rezept einmal vollständig durch. Oft werden Arbeitsabläufe oder -zusammenhänge dann klarer. Die in den Rezepten angegebenen Backtemperaturen und -zeiten sind Richtwerte, die nach individueller Hitzeleistung des Backofens über- oder unterschritten werden können. Bitte beachten Sie deshalb bei der Einstellung des Backofens die Gebrauchsanweisung des Herstellers. Die Zubereitungszeit beinhaltet nur die Zeit für die eigentliche Zubereitung, Backzeiten sind gesondert ausgewiesen. Längere Wartezeiten, z. B. Kühl- und Auftauzeiten sind nicht miteinbezogen.

# American Simpel Cornsoup

Dauert etwa 25 Minuten,
für 1–2 Personen.

## Zutaten:

1 mittelgroße Zwiebel
1 rote Paprikaschote
1 Dose Gemüsemais
(Abtropfgewicht 285 g)
1 EL Butter oder Margarine
1 TL Weizenmehl
250 ml (¼ l) Gemüsebrühe
250 g Schlagsahne
Salz
frisch gemahlener Pfeffer
Currypulver

Insgesamt:
E: 18 g, F: 99 g, Kh: 61 g,
kJ: 5170, kcal: 1237, BE: 4,0

## Zubereitung:

**1.** Zwiebel abziehen und in feine Würfel schneiden. Paprikaschote halbieren, entstielen, entkernen und die weißen Scheidewände entfernen. Die Schote waschen, trocken tupfen und würfeln. Mais in einem Sieb abtropfen lassen.

**2.** Butter oder Margarine in einem Topf zerlassen. Zwiebel- und Paprikawürfel darin andünsten. Mais hinzufügen und kurz mitdünsten. Das Gemüse mit Mehl bestäuben und unter gelegentlichem Rühren etwa 2 Minuten dünsten lassen.

**3.** Gemüsebrühe und Sahne hinzugießen. Die Zutaten zum Kochen bringen und zugedeckt bei schwacher Hitze 8–10 Minuten kochen lassen. Maiscremesuppe mit Salz, Pfeffer und Curry würzen.

## Tipp:

Die Maiscremesuppe vor dem Servieren mit 1–2 Esslöffeln gehackten Cashewkernen sowie 1 Esslöffel gehacktem Koriander oder Petersilie bestreuen. Als Einlage können Sie auch je 2 Esslöffel Krabben- oder Flusskrebsfleisch oder Putenbruststreifen (Fertigprodukte aus dem Kühlregal) hinzufügen. Zutaten 2–3 Minuten vor Ende der Garzeit hinzufügen und kurz in der Suppe erwärmen.

# Zucchini-Kokos-Suppe

## Exotisch

Dauert etwa 30 Minuten,
für 1–2 Personen.

**Zutaten:**

1–2 Knoblauchzehen
1 Zwiebel
2 kleine Zucchini (etwa 400 g)
1 EL Speiseöl, z.B. Sonnenblumenöl
300 ml Gemüsebrühe
1 Pck. (200 ml) ungesüßte Kokosnuss-milch
50 g Schafkäse
½ Bund Schnittlauch
gemahlenes Zitronengras
Salz
frisch gemahlener Pfeffer

E: 19 g, F: 55 g, Kh: 15 g,
kJ: 2634, kcal: 634, BE: 0,5

## Zubereitung:

1. Knoblauchzehen und Zwiebel abziehen und beides fein hacken. Zucchini waschen, abtrocknen und die Enden abschneiden. Zucchini in feine Würfel schneiden.

2. Öl in einem Topf erhitzen, Knoblauch und Zwiebel darin unter gelegentlichem Rühren andünsten. Zucchiniwürfel hinzugeben und kurz mitdünsten.

3. Gemüsebrühe und Kokosnussmilch hinzufügen. Alles unter gelegentlichem Rühren kurz aufkochen lassen und zugedeckt bei schwacher Hitze etwa 5 Minuten kochen lassen.

4. Inzwischen Schafkäse in kleine Würfel schneiden. Schnittlauch abspülen, trocken tupfen, fein schneiden. Schafkäsewürfel und Schnittlauchröllchen mit etwas Zitronengras kurz in der Suppe erhitzen.

5. Suppe mit Salz, Pfeffer und evtl. Zitronengras pikant abschmecken und heiß servieren.

## Dazu passt:

Warmes Fladenbrot oder Ciabatta.

## Tipp:

Zitronengras sollte stets etwas mitgekocht werden, so entfaltet sich das asiatische Gewürz besser. Schafkäse ist meist salzig, deshalb die Suppe vorsichtig mit Salz abschmecken. Wer Kokosnussmilch und Schafkäse nicht mag, kann die Zucchinisuppe auch ohne diese beiden Zutaten zubereiten. Dann die Gemüsebrühemenge auf 500 ml (½ l) erhöhen. Am Schluss die Suppe kräftig mit Salz, Pfeffer und frisch geriebener Muskatnuss abschmecken. Je Teller 1–2 Esslöffel Joghurt (3,5 % Fett) als Klecks mit in die Suppe geben.

## Variante:

Für eine **Möhrensuppe mit Kokosnussmilch** die Zucchini durch die gleiche Menge Möhren ersetzen. Möhren putzen, schälen, waschen, abtropfen lassen und in kleine Würfel schneiden. Dann die Suppe weiter wie im Rezept beschrieben zubereiten.

# Gazpacho
## (Kalte Gemüsesuppe)

Dauert etwa 40 Minuten, ohne Kühlzeit, für 8–10 Personen.

**Klassisch**

**Zutaten:**

Für die Gemüsesuppe:
200 g altbackenes Weißbrot in Scheiben
2 grüne Paprikaschoten
1,25 kg reife Tomaten
3 Zwiebeln
3 Knoblauchzehen
125 ml (⅛ l) Olivenöl
125 ml (⅛ l) Rotwein
250 ml (¼ l) Hühnerbrühe
Salz
frisch gemahlener Pfeffer

Als Einlage:
4–5 Scheiben Toastbrot
2 EL Olivenöl
½ Salatgurke
4–5 Schalotten
4–5 Tomaten
1 grüne Paprikaschote
etwa 20 grüne Oliven (ohne Stein, aus dem Glas)

Außerdem:
8–10 Eiswürfel

Pro Portion:
E: 6 g, F: 19 g, Kh: 25 g,
kJ: 1283, kcal: 306, BE: 1,5

## Zubereitung:

**1.** Weißbrotscheiben in eine Schale legen und mit so viel kaltem Wasser übergießen, dass die Brotscheiben bedeckt sind.

**2.** Paprikaschoten halbieren, entstielen, entkernen und die weißen Scheidewände entfernen. Die Schoten waschen und abtropfen lassen.

**3.** Tomaten kreuzweise einschneiden und kurz in kochendes Wasser legen. Anschließend in kaltem Wasser abschrecken, enthäuten und Stängelansätze herausschneiden. Zwiebeln und Knoblauchzehen abziehen. Zwiebeln grob hacken.

**4.** Paprikahälften und Tomaten in Stücke schneiden und mit dem gut ausgedrückten Weißbrot, Zwiebelstücken, Olivenöl, Rotwein und Hühnerbrühe portionsweise pürieren. Knoblauchzehen durch die Knoblauchpresse drücken oder fein hacken und zufügen.

**5.** Mit Salz und Pfeffer würzen und mit Frischhaltefolie zugedeckt einige Stunden (mindestens 4 Stunden) in den Kühlschrank stellen.

**6.** In der Zwischenzeit für die Einlage Toastbrot nach Belieben entrinden, Brot in kleine Würfel schneiden. Öl in einer Pfanne erhitzen und die Toastbrotwürfel darin unter gelegentlichem Rühren goldgelb rösten. Salatgurke waschen, trocken tupfen und würfeln.

**7.** Schalotten abziehen und würfeln. Tomaten kreuzweise einschneiden und kurz in kochendes Wasser legen. Anschließend in kaltem Wasser abschrecken, enthäuten und Stängelansätze herausschneiden. Tomaten in Würfel schneiden.

**8.** Paprikaschote halbieren, entstielen, entkernen und die weißen Scheidewände entfernen. Die Schote waschen und in Streifen schneiden. Oliven in Scheiben schneiden.

**9.** Alle Einlagen getrennt in kleine Schälchen geben. Die Suppe kräftig umrühren, erneut abschmecken und Eiswürfel zufügen. Die Einlagen getrennt dazu servieren. Jeder Gast wählt die Einlage aus, die ihm am besten schmeckt.

## Dazu passt:

Baguettebrot.

## Tipp:

Die typische, kalte Suppe Spaniens ist Gazpacho – an heißen Sommertagen eine herrliche Erfrischung. Sie wird unmittelbar vor dem Servieren mit Eiswürfeln verdünnt, damit sie schön gekühlt bleibt. Deshalb ist es wichtig, dass man die Suppe vorab mit den Gewürzen kräftig würzt. Wer mag, schmeckt das Gazpacho mit etwas Zitronensaft oder gehackten Kräutern ab. Wer Zeit sparen will, kann die frischen Tomaten durch Tomatenstücke aus dem Tetra Pak® oder der Dose ersetzen.

# Asia-Suppe
# Ganz einfach

Dauert etwa 35 Minuten,
ohne Marinierzeit, für 1–2 Personen.

## Zubereitung:

**1.** Hähnchenbrustfilet unter fließendem kalten Wasser abspülen, trocken tupfen und quer in Streifen schneiden. Filetstreifen in eine flache Schale legen.

**2.** Für die Marinade Chili waschen, abtrocknen, längs halbieren, entkernen und die Chilihälften fein hacken. Chili mit 2 Esslöffeln Sojasauce und Curry vermengen, über die Filetstreifen gießen und mit Frischhaltefolie zugedeckt etwa 15 Minuten marinieren lassen. Das Fleisch gelegentlich wenden.

**3.** Inzwischen von der Fenchelknolle den Stiel dicht oberhalb der Knolle abschneiden. Braune Stellen und Blätter entfernen und etwas Fenchelgrün zum Garnieren beiseitelegen. Die Wurzelenden gerade schneiden. Die Knolle waschen, abtropfen lassen, halbieren und in Streifen schneiden.

**4.** Möhre putzen, schälen, waschen, abtrocknen und in Scheiben schneiden. Frühlingszwiebeln putzen, waschen, abtropfen lassen und in feine Scheiben schneiden.

**5.** Öl in einem Topf erhitzen. Fenchelstreifen, Möhren- und Frühlingszwiebelscheiben darin unter Rühren bei mittlerer Hitze 3–4 Minuten dünsten. Brühe hinzugießen, die Zutaten zum Kochen bringen und zugedeckt etwa 6 Minuten bei mittlerer Hitze garen.

**6.** Anschließend die Hähnchenbrustfiletstreifen mit der Marinade hinzufügen. Die Suppe nochmals zum Kochen bringen und zugedeckt 6–8 Minuten bei mittlerer Hitze kochen lassen. Ab und zu umrühren.

**7.** Die Suppe vor dem Servieren mit etwas Sojasauce, Pfeffer und Curry abschmecken. Beiseitegelegtes Fenchelgrün abspülen, trocken tupfen und fein hacken. Die Suppe mit Fenchelgrün bestreut servieren.

## Variante:

Für **Glasnudelsuppe mit Porree** (1–2 Personen)
2 Stangen Porree (Lauch, etwa 300 g) putzen, dafür die Außenblätter entfernen, Wurzelenden und dunkles Grün abschneiden. Die Stangen längs halbieren, gründlich waschen, abtropfen lassen und quer in feine Streifen schneiden. 50 g Glasnudeln nach Packungsanleitung einweichen, anschließend mit einer Küchenschere zerschneiden, beiseitestellen. 1 Esslöffel Butter in einem Wok oder einer beschichteten Pfanne erhitzen. Porreestreifen darin andünsten.
Mit 500 ml (½ l) Gemüsebrühe auffüllen. Zugedeckt den Porree etwa 5 Minuten bei mittlerer Hitze garen. In der Zwischenzeit 3–4 Stängel Zitronenmelisse kalt abspülen, trocken tupfen, die Blättchen von den Stängeln zupfen, einige Blättchen zum Garnieren beiseitelegen und den Rest hacken. Glasnudeln, 1 Esslöffel helle Sojasauce und 1–1½ Esslöffel frisch gepressten Zitronensaft zu dem Porree in den Wok geben und aufkochen lassen. Mit Salz, Pfeffer und Cayennepfeffer abschmecken. Kurz vor dem Servieren gehackte Zitronenmelisse unterheben. Die Suppe mit den beiseitegelegten Zitronenmelisseblättchen garnieren. Nach Belieben zusätzlich 100 g Sojasprossen (frisch oder aus dem Glas) und kleine Mett- oder Geflügelbällchen, oder geräucherte, in Streifen geschnittene Hähnchenbrust in die Suppe geben und kurz miterwärmen.

## Zutaten:

1 kleines Hähnchenbrustfilet (125–150 g)
1 kleine rote Chilischote
2–3 EL helle Sojasauce
Currypulver
1 große Fenchelknolle (etwa 250 g)
1 Möhre
½ Bund Frühlingszwiebeln
1 EL Speiseöl, z.B. Sonnenblumenöl
500 ml (½ l) Gemüsebrühe
frisch gemahlener Pfeffer
nach Belieben etwas Currypulver

Insgesamt:
E: 44 g, F: 13 g, Kh: 23 g,
kJ: 1628, kcal: 390, BE: 0

# Gyrossuppe
# Der Party-Klassiker

Dauert etwa 75 Minuten,
ohne Durchziehzeit, für 8–10 Personen.

## Zutaten:

2 kg Schweinegeschnetzeltes
(Gyros, fertig gewürzt)
8 EL Speiseöl oder 80 g Butterschmalz
800 g Schlagsahne
6 Zwiebeln
je 4 rote und grüne Paprikaschoten
5 EL Olivenöl
1½ l Wasser
3 Beutel Zwiebelsuppenpulver
(für je ¾ l Flüssigkeit)
1 Glas (500 ml) Zigeuner- oder
Chilisauce
250 g Schmelzkäse
Salz
frisch gemahlener Pfeffer
1–2 TL gerebelter Thymian

Pro Portion:
E: 55 g, F: 78 g, Kh: 26 g,
kJ: 4312, kcal: 1030, BE: 1,5

## Zubereitung:

1. Am Vortag das Geschnetzelte portionsweise anbraten. Dafür je 2 Esslöffel Öl oder Butterschmalz in einer großen Pfanne erhitzen. Ein Viertel der Fleischstreifen darin etwa 3 Minuten unter häufigem Wenden braten, anschließend in eine große Auflaufform geben.

2. Das Fleisch mit der Sahne übergießen und mit Frischhaltefolie zugedeckt über Nacht im Kühlschrank durchziehen lassen.

3. Am nächsten Tag Zwiebeln abziehen, halbieren und in feine Scheiben schneiden. Paprikaschoten halbieren, entstielen, entkernen und die weißen Scheidewände entfernen. Die Schoten abspülen, abtropfen lassen und in schmale Streifen schneiden.

4. Die Hälfte des Olivenöls in einem großen, hohen Topf erhitzen. Die Hälfte der Zwiebelscheiben und Paprikastreifen darin unter Rühren andünsten, anschließend herausnehmen und beiseitelegen. Die restlichen Zwiebelscheiben und Paprikastreifen andünsten. Das beiseitegelegte Gemüse wieder hinzufügen.

5. Wasser hinzugießen und alles zum Kochen bringen. Suppenpulver unter Rühren in die kochende Flüssigkeit rühren und bei schwacher Hitze 5–8 Minuten kochen lassen, dabei ab und zu umrühren.

6. Zigeuner- oder Chilisauce, Schmelzkäse und die marinierten Fleischstreifen in die Suppe geben. Alle Zutaten unter Rühren zum Kochen bringen, bis sich der Käse gut aufgelöst hat.

7. Die Gyrossuppe mit Salz, Pfeffer und Thymian pikant abschmecken.

## Tipp:

Typisch für Gyros ist, dass das Fleisch mit Knoblauch und Gyros-Gewürzsalz gewürzt wurde. Sollte der typische Geschmack fehlen, so fügen Sie 3–4 Knoblauchzehen zu. Dafür Knoblauchzehen abziehen, durch eine Knoblauchpresse drücken und zum Fleisch geben. Evtl. mit Gyros-Gewürzsalz (Fertigprodukt) abschmecken. Geschnetzeltes immer portionsweise anbraten, so wird es nicht zäh.

# Cancha Mexicana
## (Mexikanischer Bohnen-Geflügel-Topf)

Dauert etwa 65 Minuten, für 8–10 Personen.

**Simpel**

**Zutaten:**

2 gelbe Paprikaschoten (etwa 400 g)
7–8 Hähnchenbrustfilets ohne Haut (je etwa 150 g)
6 EL Speiseöl, z.B. Sonnenblumenöl
2–2½ l Hühnerbrühe
2 Dosen grüne Bohnenkerne (Flageolets, Abtropfgewicht je 250 g)
2 Dosen Kidneybohnen (Abtropfgewicht je 250 g)
2 Dosen Gemüsemais (Abtropfgewicht je 285 g)
Salz
frisch gemahlener Pfeffer
4–5 EL süße Chilisauce

Pro Portion:
E: 41 g, F: 9 g, Kh: 29 g,
kJ: 1543, kcal: 369, BE: 2,5

## Zubereitung:

**1.** Paprikaschoten halbieren, entstielen, entkernen und die weißen Scheidewände entfernen. Die Schoten waschen, abtropfen lassen und würfeln.

**2.** Hähnchenbrustfilets unter fließendem kalten Wasser abspülen, trocken tupfen und in Würfel schneiden.

**3.** Die Hälfte des Öls in einem großen Topf erhitzen und die Hälfte der Fleischwürfel darin bei mittlerer Hitze rundherum anbraten. Fleischwürfel herausnehmen und beiseitestellen. Restliches Öl erhitzen und das übrige Fleisch darin anbraten. Fleisch beiseitestellen. Paprikawürfel hinzufügen und kurz im Bratfett andünsten. Das angebratene Fleisch mit der Hühnerbrühe hinzugeben, einmal aufkochen lassen und bei schwacher Hitze etwa 30 Minuten kochen lassen.

**4.** Bohnenkerne und Kidneybohnen in einem Sieb abgießen, beides kurz abspülen und gut abtropfen lassen. Mais ebenfalls abgießen und abtropfen lassen. Beide Bohnensorten und Mais in die Suppe geben. Mit Salz, Pfeffer und 4 Esslöffeln Chilisauce würzen. Die Suppe wieder zum Kochen bringen und noch etwa 10 Minuten leicht kochen lassen. Cancha Mexicana mit den Gewürzen und der Chilisauce abschmecken.

## Dazu passt:

Taco-Chips oder ofenwarme Tortillas.

## Tipp:

Statt Hähnchenbrustfilet die gleiche Menge Putenbrustfleisch oder -schnitzel nehmen. Das Rezept lässt sich für 4–5 Personen ganz leicht halbieren.

## Variante:

Für **Mexikanische Hühnersuppe mit Reis und Tomaten** (8–10 Personen) 3–4 fein gewürfelte Zwiebeln in einem großen Topf mit 6 Esslöffeln Öl andünsten. 7–8 abgespülte, trocken getupfte und klein gewürfelte Hähnchenbrustfilets (je 150 g) zufügen und portionsweise anbraten. Paprikawürfel (von 2 gelben Paprikaschoten) zufügen und unter Rühren kurz mitdünsten. 2 Dosen stückige Tomaten (Abtropfgewicht je 240 g) ebenso hinzufügen, unterrühren und kurz mitdünsten. 2 Liter Hühnerbrühe hinzugießen, aufkochen lassen und bei schwacher Hitze etwa 30 Minuten kochen lassen. In der Zwischenzeit 2 Beutel Kochreis nach Packungsanleitung zubereiten. Abgetropften, gegarten Reis zur Suppe geben und miterwärmen. Suppe mit Salz, Pfeffer und 4 Esslöffeln Chilisauce würzig abschmecken. Nach Belieben ½ Bund Minze abspülen, trocken tupfen und die Blättchen von den Stängeln zupfen. Blättchen fein hacken und über die Suppe streuen.

# Puten-Minestrone

## Macht richtig satt

Zubereitungszeit: 70 Minuten,
Garzeit: etwa 60 Minuten, für 8–10 Personen.

### Zubereitung:

**1.** Putenfleisch unter fließendem kalten Wasser abspülen, trocken tupfen und in Würfel schneiden.

**2.** Knollensellerie schälen, schlechte Stellen herausschneiden. Möhren putzen und schälen. Sellerie und Möhren waschen und abtropfen lassen. Von dem Porree die Außenblätter entfernen, Wurzelenden und dunkles Grün abschneiden, die Stangen längs halbieren, gründlich waschen und abtropfen lassen. Die vorbereiteten Zutaten in Würfel oder Scheiben schneiden.

**3.** Von dem Brokkoli die Blätter entfernen und die Enden abschneiden. Brokkoli waschen, abtropfen lassen und in kleine Röschen teilen. Bohnen in einem Sieb abgießen, mit kaltem Wasser kurz kalt abspülen und gut abtropfen lassen.

**4.** Olivenöl in einem großen Topf erhitzen. Putenwürfel evtl. portionsweise von allen Seiten darin anbraten. Mit Salz, Pfeffer und Knoblauch bestreuen. Vorbereitetes Suppengrün hinzufügen und kurz mitdünsten. Brühe hinzugießen, zum Kochen bringen und zugedeckt bei schwacher Hitze etwa 45 Minuten garen.

**5.** Brokkoliröschen, Bohnen und Tomatenstücke mit Saft zu dem Fleisch geben. Italienische Kräuter unterrühren. Alles mit Salz, Pfeffer und Knoblauch würzen, wieder zum Kochen bringen und zugedeckt etwa 15 Minuten weitergaren.

**6.** In der Zwischenzeit Basilikum abspülen, trocken tupfen und die Blättchen von den Stängeln zupfen. Die Puten-Minestrone nochmals mit den Gewürzen abschmecken und mit Basilikumblättchen bestreut servieren.

### Dazu passt:

Ofenwarmes Olivenbrot oder Ciabatta.

### Tipp:

Nach Belieben die Flüssigkeit mit Kartoffelpüreepulver (Fertigprodukt) binden. Puten-Minestrone mit geraspeltem Pecorino-Käse bestreuen.

### Variante:

Für eine **Gemüsesuppe mit TK-Suppengemüse** (8–10 Personen) können Sie anstelle von frischem Suppengrün auch 1 Beutel (1 kg) TK-Suppengemüse verwenden. Das unaufgetaute Suppengemüse mit Brokkoli, Bohnen, Tomaten und italienischen Kräutern zu dem gegarten Geflügel geben und etwa 15 Minuten weitergaren.

## Zutaten:

1–1,25 kg Putenfleisch, aus Keule und Brust, ohne Haut und Knochen
3 Bund Suppengrün (Möhren, Porree, Sellerie, 1,2–1,5 kg)
etwa 800 g Brokkoli
3 Dosen italienische, große, weiße Bohnen (Abtropfgewicht je 450 g)
6 EL Olivenöl
Salz
frisch gemahlener Pfeffer
etwas Knoblauchpulver
1¾ l Gemüsebrühe
2 Dosen stückige Tomaten (Abtropfgewicht je 240 g)
2 Pck. TK-Italienische Kräuter (je 25 g)
1 kleiner Topf Basilikum

Pro Portion:
E: 44 g, F: 9 g, Kh: 31 g,
kJ: 1620, kcal: 386, BE: 2,0

Einfach lecker

# Fisch Caprese

Dauert etwa 45 Minuten, für 1–2 Personen.

**Zutaten:**

2 Tomaten
1 kleine Zucchini (etwa 100 g)
1 Pck. (125 g) Mozzarella-Käse
Salz
frisch gemahlener Pfeffer
1 TL getrocknete, italienische Kräuter
2 EL Olivenöl
2 Stücke Seelachs- oder Rotbarschfilet (je etwa 130 g)
2–3 Stängel Basilikum

Insgesamt:
E: 75 g, F: 55 g, Kh: 6 g,
kJ: 3452, kcal: 823, BE: 0

## Zubereitung:

**1.** Tomaten waschen, abtrocknen, die Stängelansätze herausschneiden und Tomaten in Scheiben schneiden.

**2.** Zucchini waschen, abtrocknen, die Enden abschneiden und Zucchini in etwa ½ cm dicke Scheiben schneiden. Mozzarella abtropfen lassen und in 6 Scheiben schneiden.

**3.** Den Backofen vorheizen. Die Hälfte der Tomaten-, Zucchini- und Mozzarellascheiben dachziegelartig in eine kleine, flache, gefettete Auflaufform schichten. Mit Salz, Pfeffer und der Hälfte der getrockneten Kräuter bestreuen und mit 1 Esslöffel Öl beträufeln.

**4.** Fischfilets unter fließendem kalten Wasser abspülen, trocken tupfen, mit Salz und Pfeffer bestreuen und auf die Gemüse-Käse-Mischung legen. Die restlichen Tomaten-, Zucchini- und Mozzarellascheiben dachziegelartig darauflegen.

**5.** Mit Salz, Pfeffer und der restlichen Gewürzmischung bestreuen und mit dem restlichen Öl beträufeln. Die Form ohne Deckel auf dem Rost in den vorgeheizten Backofen schieben.

**Ober-/Unterhitze:** etwa 200 °C
**Heißluft:** etwa 180 °C
**Garzeit:** 25–30 Minuten.

**6.** Basilikum abspülen, trocken tupfen, die Blättchen von den Stängeln zupfen. Blättchen in feine Streifen schneiden und den Fischauflauf damit bestreuen.

## Tipp:

Statt frischem Fischfilet TK-Seelachs- oder TK-Rotbarschfilet verwenden. Dafür die TK-Fischfilets nach Packungsanleitung auftauen lassen. Aufgetaute Fischfilets kalt abspülen, trocken tupfen und wie im Rezept beschrieben weiterverarbeiten. Dieses Rezept lässt sich problemlos für mehrere Gäste verdoppeln bzw. vervielfachen. Das Gemüse mit dem Fisch dann in eine größere Auflaufform oder auf ein tiefes, gefettetes Backblech geben.

## Kleine Warenkunde:

Mozzarella ist ein italienischer Frischkäse der ursprünglich aus reiner Büffelmilch hergestellt wird. Da diese Art Mozzarella immer seltener erhältlich ist, gibt es im Handel Mozzarella aus Kuhmilch. Dieser wird zu Kugeln geformt in Lake angeboten.

# Provenzalisches Fischfilet

## Mit Alkohol

Dauert etwa 35 Minuten, ohne Auftau- und Durchziehzeit, für 8–10 Personen.

## Zubereitung:

**1.** Fischfilets nach Packungsanleitung auftauen lassen.

**2.** Weißwein mit Kräutern und Öl in einen Topf geben und zum Kochen bringen. Den Weißweinsud anschließend erkalten lassen.

**3.** Fischfilets unter fließendem kalten Wasser abspülen und trocken tupfen. Filets in eine große, flache Schale legen. Den abgekühlten Weißweinsud mit Zitronensaft, Salz und Pfeffer würzen. Den Sud auf den Fischfiletstücken verteilen und zugedeckt im Kühlschrank etwa 2 Stunden durchziehen lassen, Filets dabei ein- bis zweimal wenden.

**4.** Den Backofen vorheizen. Die Fischfiletstücke aus dem Sud nehmen. Je ein Stück Fischfilet in je einen Bogen Alufolie wickeln. Die Fischpäckchen nebeneinander auf den Rost legen und in den vorgeheizten Backofen schieben.

**Ober-/Unterhitze:** etwa 200 °C
**Heißluft:** etwa 180 °C
**Backzeit:** etwa 20 Minuten.

**5.** In der Zwischenzeit restlichen Sud in einen kleinen Topf geben, zum Kochen bringen und bei mittlerer bis großer Hitze in etwa 15 Minuten um die Hälfte einkochen lassen. Fisch aus dem Ofen nehmen, aus der Folie wickeln und auf einer Platte anrichten. Den gegarten Fisch mit dem eingekochten Sud beträufeln.

## Zutaten:

8–10 Stücke TK-Fischfilet, z.B. Seelachs- oder Pangasiusfilet (je etwa 125 g)
300 ml trockener, französischer Weißwein, z.B. Riesling, Muscat, Pinot Gris
2 Pck. gemischte TK-Kräuter (z.B. 8 Kräuter)
3 EL Speiseöl, z.B. Sonnenblumenöl
Saft von 1 Zitrone
Salz
frisch gemahlener Pfeffer

Pro Portion:
E: 21 g, F: 5 g, Kh: 1 g,
kJ: 683, kcal: 163, BE: 0

## Dazu passt:

Salzkartoffeln, Reis, Caesar's Salat oder Ratatouille.

Für **Ratatouille** (8–10 Personen) 2 Gemüsezwiebeln abziehen, halbieren und in feine Streifen schneiden. 4 Knoblauchzehen abziehen und in dünne Scheiben schneiden. Je 2 rote und grüne Paprikaschoten halbieren, entstielen, entkernen, die weißen Scheidewände entfernen. Schoten waschen, trocken tupfen und in mundgerechte Stücke schneiden. Je 500 g Auberginen und Zucchini waschen, abtrocknen, die Enden abschneiden und in mundgerechte Stücke schneiden. 600 g Tomaten kreuzweise einschneiden und kurz in kochendes Wasser legen. Anschließend in kaltem Wasser abschrecken, enthäuten, Stängelansätze entfernen. Tomaten in Würfel schneiden. 8 Esslöffel Olivenöl in einem großen Topf erhitzen. Zwiebelstreifen und Knoblauchscheiben darin andünsten. Paprika-, Auberginenstücke, 2 Lorbeerblätter, Salz, Pfeffer und 4 Teelöffel getrocknete Kräuter der Provence zugeben und unter Rühren andünsten. Bei schwacher Hitze etwa 10 Minuten zugedeckt dünsten, ab und zu umrühren. Zucchinistücke zugeben und weitere 5 Minuten zugedeckt dünsten. Zum Schluss die Tomaten unterrühren und einmal aufkochen lassen. Das Ratatouille mit Salz, Pfeffer und Kräutern der Provence abschmecken.

# Garnelen in Curry-Kokosmilch

Dauert etwa 20 Minuten, für 1–2 Personen.

## Süß und feurig

**Zutaten:**

200 ml ungesüßte Kokosmilch
etwa ½ EL gelbe Currypaste (erhältlich im Asialaden)
250 g geschälte Riesengarnelen
1 EL Fischsauce (erhältlich im Asialaden)
1 TL Zucker oder Honig
1 Stängel Koriander (ersatzweise 1 Prise getrockneten Koriander)
½–1 rote Chilischote (ersatzweise Chiliflocken)
1–2 TL frisch gepresster Limettensaft
Salz
frisch gemahlener Pfeffer

Nach Belieben:
einige Limettenscheiben

Insgesamt:
E: 54 g, F: 40 g, Kh: 18 g,
kJ: 2696, kcal: 650, BE: 1,5

## Zubereitung:

**1.** Die Hälfte der Kokosmilch in einem Topf oder Wok erhitzen. Currypaste hinzugeben und mit der Kokosmilch verrühren. Curry-Kokosmilch bei mittlerer Hitze 2–3 Minuten kochen lassen.

**2.** Garnelen der Länge nach einschneiden, den dunklen Darm entfernen. Garnelen kalt abspülen und trocken tupfen. Garnelen in die Curry-Kokosmilch geben und etwa 1 Minute mitkochen lassen. Die restliche Kokosmilch, Fischsauce und Zucker oder Honig hinzugeben, alles gut verrühren. Die Zutaten weitere 2 Minuten kochen lassen.

**3.** Koriander abspülen, trocken tupfen, die Blättchen von den Stängeln zupfen. Blättchen fein hacken. Chilischote halbieren, entstielen und entkernen. Schote waschen, trocken tupfen und quer in dünne Streifen schneiden. Koriander und Chilistreifen zu den Garnelen geben und kurz unterrühren. Die Kokosmilch mit Limettensaft, Salz und Pfeffer abschmecken.

**4.** Nach Belieben die Garnelen in Curry-Kokosmilch mit Limettenscheiben garniert servieren.

## Dazu passt:

Gegarter Reis oder Baguette mit grünem gemischten Blattsalat. Mit Soja- oder Mungobohnensprossen bekommt der Salat das asiatische Flair.

## Tipp:

Statt frischer Riesengarnelen TK-Riesengarnelen (geschält, ohne Schwanz) verwenden. Dafür Riesengarnelen nach Packungsanleitung auftauen lassen. Evtl. den Darm entfernen, Garnelen kalt abspülen und trocken tupfen.

## Kleine Warenkunde:

Fischsauce ist ein flüssiges Extrakt aus fermentiertem Fisch. Currypasten gibt es in rot, grün und gelb, ihr Geschmack reicht von scharf bis mild. Milde Sorten empfinden die meisten von uns Europäern auch noch als ganz schön scharf. Deshalb am Anfang sparsam verwenden! Currypasten halten sich angebrochen im Kühlschrank einige Monate.

**Zutaten:**

1 Tasse Sushireis (erhältlich im Asialaden oder in der Spezialitätenabteilung)
gut 1 Tasse Wasser
1½ EL Reisessig
1–2 Prisen Salz
1 Prise Zucker
100 g ganz frisches Tunfischfilet (möglichst ein langes, etwa 5 cm breites Stück)
2 Blätter getrocknete Nori-Algen (erhältlich im Asialaden oder in der Spezialitätenabteilung)
1 EL Sojasauce
½ EL Wasabipaste (erhältlich im Asialaden)
etwa 70 g eingelegter Ingwer (entspricht ½ Glas, Abtropfgewicht 125 g)

Außerdem:
1 Sushimatte

Pro Portion:
E: 4 g, F: 2 g, Kh: 16 g,
kJ: 404, kcal: 97, BE: 1,5

# Maki-Sushi mit Tunfisch

## Etwas teurer

Dauert etwa 45 Minuten, ohne Quellzeit,
für 8–10 Maki-Sushi.

### Zubereitung:

**1.** Sushireis in einem Sieb unter fließendem kalten Wasser so lange abspülen, bis das Wasser klar abläuft. Anschließend den Reis mit Wasser (gut 1 Tasse) in einem kleinem Topf zum Kochen bringen. Den Reis zugedeckt bei schwacher Hitze etwa 15 Minuten quellen lassen. Den Topf von der Kochstelle nehmen. Den Reis weitere 15 Minuten im Topf gar ziehen lassen.

**2.** Reisessig in einem kleinen Topf erwärmen, Salz und Zucker darin unter Rühren auflösen. Den gegarten Reis in ein flaches Gefäß (nach Möglichkeit ein Holzgefäß) geben. Die Essiglösung über den Reis träufeln, dabei die Form hin und her schwenken. Den Reis mit einem feuchten Tuch zudecken.

**3.** Tunfisch unter fließendem kalten Wasser abspülen, trocken tupfen und in 2 gleich lange Streifen schneiden.

**4.** Ein Noriblatt auf eine Sushimatte legen. Die Hälfte der Reismasse darauf verteilen. Einen Streifen Tunfisch in die Mitte des Blattes legen und zu einer festen Rolle aufrollen. Mit dem anderen Noriblatt ebenso verfahren. Die Rollen jeweils in 4–5 Maki-Röllchen schneiden.

**5.** Sojasauce mit Wasabipaste verrühren. Sushis mit dem eingelegten Ingwer und der Sauce servieren.

### Tipp:

Diese kleinen Reishappen werden in Japan zu Beginn einer Mahlzeit gereicht. Wer keine Sushimatte hat, legt das Noriblatt auf ein Stück Frischhaltefolie und wickelt es fest zu einer Rolle auf.

### Variante:

Für **Nigiri-Sushi** (ergibt 8–10 Stück) 1 Tasse Sushireis (Asialaden) in einem Sieb unter fließendem kalten Wasser so lange abspülen, bis das Wasser klar abläuft. Anschließend den Reis mit gut 1 Tasse Wasser in einem kleinen Topf zum Kochen bringen. Den Reis wie unter Punkt 1 beschrieben zubereiten. 1½ Esslöffel Reisessig in einem kleinen Topf erwärmen, 2 Prisen Salz und 1 Prise Zucker darin unter Rühren auflösen. Den gegarten Reis in ein flaches Gefäß geben. Die Essiglösung über den Reis träufeln, dabei die Form hin und her schwenken. Den Reis mit einem feuchten Tuch zudecken. ½ Packung frisches Lachsfilet (100 g) in 8–10 Stücke schneiden. Eine Lachsscheibe mit etwas Wasabipaste bestreichen. Eine tischtennisballgroße Reisportion in die eine Hand und eine Lachsscheibe in die andere Hand nehmen. Den Reis auf die Lachsscheibe drücken und dabei in die typische, längliche Form bringen. Mit der Lachsseite nach oben auf einer Platte anrichten. So 8–10 Sushi-Röllchen formen.

Exotisch

# Currywurst Deluxe mit Garnelen

Dauert etwa 20 Minuten, ohne Auftau- und Zubereitungszeit für die Currysauce, für 1–2 Personen.

## Zutaten:

2 TK-Riesengarnelen
2 Rostbratwürste (z. B. Thüringer Bratwurst)
1 Frühlingszwiebel
½ kleine rote Chilischote
1 EL Speiseöl
etwa 150 ml selbst gekochte Currysauce
Currypulver zum Bestäuben

Insgesamt:
E: 52 g, F: 82 g, Kh: 42 g,
kJ: 4636, kcal: 1108, BE: 3,0

## Zubereitung:

1. Garnelen nach Packungsanleitung auftauen lassen.

2. Bratwürste unter fließendem kalten Wasser abspülen, trocken tupfen und in Scheiben schneiden. Frühlingszwiebel putzen, waschen, abtropfen lassen und in Scheiben schneiden. Chilischote längs halbieren, entstielen und entkernen. Schote abspülen, trocken tupfen und quer in dünne Streifen schneiden.

3. Öl in einer großen Pfanne erhitzen und die Bratwurstscheiben bei mittlerer Hitze rundherum anbraten.

4. Aufgetaute Riesengarnelen schälen. Mit einem Messer vorsichtig am Rücken entlang schneiden und den Darm entfernen. Garnelen gründlich waschen, trocken tupfen und jeweils in 5 Stücke schneiden.

5. Frühlingszwiebelringe, Chilischotenstreifen und Garnelenstücke zu den Bratwürsten geben und kurz mitbraten. Dann die Hitze reduzieren und die Currysauce hinzugießen. Die Sauce unter Rühren bei kleiner Hitze erwärmen. Mit Currypulver bestäubt servieren.

Für die **Currysauce** 150 ml Wasser mit ½ Teelöffel Currypulver indisch, ½ Teelöffel Zucker, 1 Messerspitze Paprikapulver rosenscharf und 1 Messerspitze Sambal Oelek in einen kleinen Topf geben und unter Rühren zum Kochen bringen. Den Topf von der Kochstelle nehmen und 250 ml (¼ l) Tomatenketchup einrühren. Etwa 5 Minuten weiterrühren und nochmals aufkochen lassen. Die Currysauce sofort verwenden oder in 2 gründlich gereinigte, gespülte Gläser (je etwa 200 ml) füllen und abkühlen lassen. Die Sauce ist im Kühlschrank 1–2 Monate haltbar.

## Tipp:

Die Sauce schmeckt auch zur klassischen Currywurst. Wenn es ganz schnell gehen soll, nimmt man statt selbst gemachter Currysauce ein Fertigprodukt aus dem Glas.

# Tilapia-Filet „Palermo“

Dauert etwa 40 Minuten, für 8–10 Personen.

## Was Leichtes für heiße Tage

## Zutaten:

500 g Cocktailtomaten
1½ kg Zucchini
(etwa 7 mittelgroße Zucchini)
2 Dosen Artischockenherzen
(Abtropfgewicht je 240 g)
6–7 EL Olivenöl
2 Pck. (à 25 g) TK-Italienische Kräuter
Salz
frisch gemahlener Pfeffer
1–1,25 kg Tilapia-Filet
(Viktoriabarschfilet)
2 gestr. TL Chiliflocken

Pro Portion:
E: 27 g, F: 10 g, Kh: 6 g,
kJ: 940, kcal: 224, BE: 0

## Zubereitung:

**1.** Tomaten waschen, abtrocknen, halbieren und die Stängelansatze entfernen. Zucchini waschen, abtrocknen und die Enden abschneiden. Zucchini erst in Streifen, dann in kleine Würfel schneiden.

**2.** Artischockenherzen in einem Sieb abtropfen lassen und vierteln.

**3.** Backofen vorheizen. In einer großen Pfanne die Hälfte des Öls erhitzen. Die Hälfte der Zucchiniwürfel etwa 2 Minuten darin unter gelegentlichem Rühren andünsten, herausnehmen und beiseitestellen. Übriges Öl erhitzen und die restlichen Zucchiniwürfel darin andünsten. Tomatenhälften, Artischockenviertel und die TK-Kräuter hinzugeben, die Zutaten mit Salz und Pfeffer würzen.

**4.** Tilapia-Filet unter fließendem kalten Wasser abspülen, trocken tupfen und in insgesamt 16–20 möglichst gleich große Stücke schneiden. Filetstücke von beiden Seiten mit Salz und etwas Chiliflocken würzen.

**5.** Das mediterrane Gemüse in eine große, gefettete Auflaufform geben. Fischfilet-Stücke nebeneinander auf das Gemüse legen. Die Form auf den Rost in den vorgeheizten Backofen schieben.

**Ober-/Unterhitze:** etwa 200 °C
**Heißluft:** etwa 180 °C
**Garzeit:** etwa 20–25 Minuten (je dicker die Fischfilets sind, desto länger ist die Garzeit).

**6.** Die Form aus dem Backofen nehmen und Tilapia heiß servieren.

## Dazu passt:

Pesto Rosso aus dem Glas und Reis oder Ciabattabrot.

## Tipp:

Wenn Sie keine große Auflaufform besitzen, können Sie den Tilapia auf mediterranem Gemüse auch auf einem Backblech verteilen. Sollte der Backofen generell fehlen, so kann man den Fisch auch in der Pfanne zubereiten: Dafür das angedünstete Gemüse in zwei Pfannen verteilen. Die gewürzten Fischfilets nebeneinander darauflegen und zugedeckt bei mittlerer Hitze 8–10 Minuten gar dünsten, dabei nach der Hälfte der Garzeit die Fischfilets vorsichtig mit einer Gabel wenden.

## Kleine Warenkunde:

Die Gattung Tilapia wird in großen Mengen im Viktoria-See (Ostafrika) gezüchtet. Von hier gelangt der Barsch per Luftfracht nach Europa und wird unter dem Namen Viktoriabarsch frisch in unseren Kühltheken angeboten. Man bekommt diesen Fisch nur filetiert im Handel. Sein festes, rosafarbenes und grätenarmes Fleisch macht ihn zu einem begehrten Fisch. Der Viktoriabarsch wird wesentlich größer als die hier lebenden Fluss- oder Buntbarsche.

**Zutaten:**

400 g festkochende Kartoffeln
1 Zwiebel
2 Paar Wiener Würstchen
(ersatzweise etwa 250 g Fleischwurst)
2 Gewürzgurken (aus dem Glas)
1 ½ EL Speiseöl, z.B. Sonnenblumenöl
1 ½ EL Butter
Salz
frisch gemahlener Pfeffer
½ TL getrockneter Majoran
2 Eier (Größe M)
½ Bund Schnittlauch

Insgesamt:
E: 66 g, F: 121 g, Kh: 60 g,
kJ: 6684, kcal: 1595, BE: 4,5

# Österreichische Gröstelpfanne

Dauert etwa 60 Minuten, ohne Abkühlzeit, für 1–2 Personen.

## Zubereitung:

**1.** Kartoffeln waschen, in einem Topf mit Wasser bedeckt zum Kochen bringen und bei mittlerer Hitze 20–25 Minuten zugedeckt kochen.

**2.** Die gegarten Kartoffeln abgießen, kurz mit kaltem Wasser abspülen, abtropfen lassen, noch heiß pellen und abkühlen lassen.

**3.** Kartoffeln in Würfel schneiden. Zwiebel abziehen und würfeln. Würstchen in Scheiben schneiden oder Fleischwurst aus der Haut lösen, längs halbieren und in Scheiben schneiden. Gewürzgurken in Würfel schneiden.

**4.** Öl und ½ Esslöffel Butter in einer großen Pfanne erhitzen. Die Kartoffelwürfel hinzufügen und unter gelegentlichem Wenden 12–15 Minuten bei schwacher bis mittlerer Hitze goldbraun braten.

**5.** Zwiebelwürfel, Würstchenscheiben und Gurkenwürfel zu den Kartoffeln geben und alles etwa 10 Minuten weiterbraten, dabei ab und zu wenden. Die Gröstelpfanne mit Salz, Pfeffer und Majoran abschmecken, bei schwacher Hitze warm halten.

**6.** Inzwischen restliche Butter in einer weiteren Pfanne zerlassen. Die Eier vorsichtig aufschlagen und nebeneinander in das Fett gleiten lassen. Eiweiß mit etwas Salz bestreuen und die Eier etwa 5 Minuten bei mittlerer Hitze braten, bis das Eiweiß fest ist. Die Spiegeleier aus der Pfanne nehmen und die Würstelpfanne vor dem Servieren damit belegen. Schnittlauch abspülen, trocken tupfen und in Röllchen schneiden. Die Gröstelpfanne mit Schnittlauchröllchen bestreuen.

## Dazu passt:

Ein grüner Salat
(siehe Tipp „Texas Auflauf“ S. 58/59).

## Tipp:

Wer besonders viel Appetit hat, rechnet als Hauptgericht pro Person zwei Spiegeleier.
Falls keine zweite Pfanne zur Hand ist, die fertigen Bratkartoffeln in einer Schüssel zugedeckt warm stellen.

# Dauert etwas länger

# Türkischer Pilaw

Dauert etwa 45 Minuten,
für 1–2 Personen.

**Kleine Warenkunde:**

Safran wird in der orientalischen Küche häufig verwendet. Er färbt die Speisen gelb und schmeckt etwas scharf–bitter. Safran gehört mit zu den teuersten Gewürzen der Welt.

## Zubereitung:

**1.** Hähnchenbrustfilets unter fließendem kaltem Wasser abspülen und trocken tupfen. Fleisch in Stücke schneiden.

**2.** Zwiebel abziehen und würfeln. Paprikaschote halbieren, entstielen, entkernen und die weißen Scheidewände entfernen. Schote waschen und würfeln.

**3.** Öl in einer Pfanne erhitzen und Hähnchenstücke darin von allen Seiten anbraten. Zwiebel- und Paprikawürfel dazugeben und 2–3 Minuten mitbraten.

**4.** Reis hinzugeben und etwa 2 Minuten mitanrösten, bis die Körner glasig sind. Rosinen unterrühren, Brühe hinzugießen und mit Safran, Ingwer, Salz und Pfeffer würzen. Pilaw zugedeckt 25–30 Minuten bei schwacher Hitze quellen lassen, bis die Brühe verdampft und der Reis weich ist. Pilaw mit den Gewürzen abschmecken.

## Zutaten:

2 Hähnchenbrustfilets (je etwa 150 g)
1 kleine Gemüsezwiebel (ersatzweise ½ Gemüsezwiebel, etwa 125 g)
1 rote Paprikaschote
2 EL Olivenöl
125 g Langkornreis
50 g Rosinen
250 ml (¼ l) Hühnerbrühe
0,1 g Safran
gemahlener Ingwer
Salz
frisch gemahlener Pfeffer

Insgesamt:
E: 85 g, F: 24 g, Kh: 148 g,
kJ: 4895, kcal: 1171, BE: 11,0

## Tipp:

Sie können zusätzlich 125 g enthäutete, entkernte Tomaten hinzugeben. So schmeckt der Pilaw noch fruchtiger.

# Macht richtig satt

## Variante:

Für ein **Pilz-Speck-Pilaw** (1–2 Personen) ½ Esslöffel Butterschmalz in einer kleinen Pfanne zerlassen und 75 g in Scheiben geschnittene, frische Champignons 2–3 Minuten darin andünsten, herausnehmen. 1 Esslöffel Butter zerlassen und 1 kleine, gewürfelte Zwiebel und 2 Scheiben gewürfelten Frühstücksspeck darin auslassen, bis die Zwiebelwürfel glasig sind. 100 g Langkornreis hinzugeben und etwa 2 Minuten unter Rühren anrösten, bis die Körner glasig sind und die Butter aufgesogen haben. Champignonscheiben hinzufügen, mit Salz und Pfeffer würzen. Mit etwa 200 ml Rinder- oder Gemüsebrühe (Instant) aufgießen. Zum Kochen bringen, zugedeckt bei schwacher Hitze 20–30 Minuten quellen lassen, bis der Reis gar ist. Pilz-Speck-Pilaw passt gut zu kurz gebratenem Fleisch.

## Preiswert

# Kartoffelpfanne Espagna

Dauert etwa 45 Minuten,
für 1–2 Personen.

### Zutaten:

500 g festkochende Kartoffeln
3 Scheiben Frühstücksspeck (ersatzweise magerer, durchwachsener Speck)
1 Zwiebel
1 Knoblauchzehe
1 EL Olivenöl
Salz
200 g Chorizo (scharf gewürzte, spanische Knoblauchwurst)
1 rote Paprikaschote
2 Tomaten
½ rote Chilischote
2 Eier (Größe M)
frisch gemahlener Pfeffer
Paprikapulver edelsüß

Insgesamt:
E: 73 g, F: 98 g, Kh: 76 g,
kJ: 6196, kcal: 1478, BE: 5,5

### Zubereitung:

**1.** Kartoffeln waschen, schälen, abspülen, abtropfen lassen und in Scheiben schneiden. Speck in Würfel schneiden und in einer großen Pfanne ohne Fett auslassen.

**2.** Zwiebel und Knoblauchzehe abziehen, beides fein würfeln. Öl zum Speckfett geben, Zwiebel- und Knoblauchwürfel in dem Fett glasig dünsten.

**3.** Die Kartoffelscheiben hinzugeben und alles mit Salz bestreuen. Die Pfanne mit einem Deckel zudecken und etwa 15 Minuten braten, zwischendurch umrühren.

**4.** Knoblauchwurst in Scheiben schneiden. Paprikaschote halbieren, entstielen, entkernen und die weißen Scheidewände entfernen. Schote waschen, abtrocknen und in kleine Würfel schneiden.

**5.** Tomaten waschen, abtrocknen, halbieren und die Stängelansätze herausschneiden. Tomaten in Stücke schneiden. Chilischote längs halbieren, entkernen, abspülen und trocken tupfen. Chilihälfte in feine Streifen schneiden.

**6.** Wurstscheiben, Paprikawürfel, Tomatenstücke und Chilistreifen zu den Kartoffeln geben, das Ganze etwa 8 Minuten bei mittlerer Hitze zugedeckt mitgaren lassen, dabei ab und zu umrühren.

**7.** Eier mit Salz, Pfeffer und Paprikapulver verschlagen, über die Kartoffelpfanne gießen und bei mittlerer Hitze zugedeckt etwa 5 Minuten stocken lassen.

### Tipp:

Chorizo ist eine typische, spanische Knoblauchwurst. Spanische Würste sehen meist roter aus als unsere Würste. Wer den typischen Knoblauchgeschmack nicht mag, nimmt stattdessen polnische Mettenden. Wenn es schnell gehen soll, die Kartoffeln am Vortag in der Schale kochen, abgießen, abschrecken und abtropfen lassen. Am nächsten Tag die Kartoffeln pellen und weiter wie im Rezept beschrieben verarbeiten.

## Variante:

Für eine **griechische Kartoffelpfanne** (1–2 Personen) etwa 500 g festkochende Kartoffeln gründlich waschen, mit Wasser bedeckt in einem Topf zum Kochen bringen, in 20–25 Minuten zugedeckt gar kochen. Die gegarten Kartoffeln abgießen, mit kaltem Wasser abschrecken, abtropfen lassen und sofort pellen. Pellkartoffeln etwas abkühlen lassen. 1 kleine rote Paprikaschote halbieren, entstielen, entkernen und die weißen Scheidewände entfernen. Schote waschen, abtropfen lassen und in kleine Würfel schneiden. 1–2 Knoblauchzehen abziehen, ebenfalls hacken. Pellkartoffeln in Scheiben schneiden. 1 Esslöffel Butterschmalz in einer Pfanne erhitzen, die Kartoffelscheiben unter Wenden darin goldbraun braten. 1 Packung (200 g) Feta-Käse in Würfel schneiden. Kartoffeln mit Salz und Pfeffer würzen, aus der Pfanne nehmen. 1 weiteren Esslöffel Butterschmalz in die Pfanne geben, Paprikawürfel und Knoblauch zufügen und unter Rühren etwa 5 Minuten dünsten, mit Salz und Pfeffer würzen. Kartoffeln, Feta, etwa ½ Teelöffel getrockneter Oregano und abgetropfte, grüne oder schwarze Oliven ohne Stein (1 Glas; Abtropfgewicht 85 g) in die Pfanne geben. Zutaten vermengen und so lange erwärmen, bis der Käse leicht geschmolzen ist.

## Variante:

Für **„klassisch-deutsche" Frikadellen** (8–10 Personen) zusätzlich 2 Brötchen (Semmeln, vom Vortag) in kaltem Wasser einweichen. 2–3 Zwiebeln abziehen und fein würfeln. 1½ Esslöffel Speiseöl oder 15 g Butterschmalz in einer Pfanne erhitzen. Die Zwiebelwürfel darin unter Rühren 2–3 Minuten glasig dünsten. Die Zwiebelwürfel aus der Pfanne nehmen, auf Küchenpapier abtropfen und etwas abkühlen lassen. Die Brötchen gut ausdrücken und mit dem Gehackten (1,2–1,5 kg), den Zwiebelwürfeln und den 2 Eiern (Größe M) vermengen, mit Salz und Pfeffer würzen. Kleine Frikadellen formen und portionsweise in heißem Öl oder Butterschmalz (4 Esslöffel oder 40 g) rundherum bei mittlerer Hitze etwa 15 Minuten braten.

## Preiswert

### Zutaten:

1–1½ kg Gehacktes
(halb Rind-, halb Schweinefleisch)
2 Eier (Größe M)
Salz
frisch gemahlener Pfeffer
etwa 4 EL Speiseöl oder
40 g Butterschmalz
3 Bund Frühlingszwiebeln
750 g kleine, weiße Champignons
3 Gläser Cornichons
(Abtropfgewicht je 190 g)
etwas Mehl
500 g Schlagsahne
2–2½ TL Paprikapulver edelsüß
2–2½ EL mittelscharfer Senf
1 Bund glatte Petersilie

Pro Portion:
E: 36 g, F: 48 g, Kh: 10 g,
kJ: 2601, kcal: 621, BE: 0,5

# Bitotschki (russische Frikadellen)

Zubereitungszeit: 45 Minuten,
Garzeit: etwa 25 Minuten, für 8–10 Personen.

## Zubereitung:

**1.** Gehacktes mit Eiern in einer Schüssel vermengen, mit Salz und Pfeffer würzen. Aus der Masse mit angefeuchteten Händen 24–30 kleine Frikadellen formen. Die Hälfte vom Speiseöl oder Butterschmalz in einer großen Pfanne erhitzen und die Hälfte der Frikadellen von allen Seiten darin unter gelegentlichem Wenden bei mittlerer Hitze in etwa 10 Minuten braten. Frikadellen herausnehmen und beiseitestellen. Restliches Öl oder Butterschmalz erhitzen und die übrigen Frikadellen ebenso braten. Backofen vorheizen.

**2.** Frühlingszwiebeln putzen, waschen, abtropfen lassen, in Scheiben schneiden. Champignons putzen, mit Küchenpapier abreiben, evtl. kurz abspülen, trocken tupfen und halbieren. Cornichons abtropfen lassen und längs vierteln.

**3.** Cornichonviertel kurz in einer Pfanne mit etwas Speiseöl andüsten, anschließend mit etwas Mehl bestäuben, mit der Sahne übergießen und kurz aufkochen lassen. Vorbereitetes Gemüse mit der Cornichon-Sahne-Mischung in einer Schüssel vermengen. 2 Teelöffel Paprikapulver und Senf unterrühren. Mit Salz und Pfeffer abschmecken.

**4.** Die Gemüse-Sahne-Masse in eine große, gefettete Auflaufform oder auf ein tiefes, gefettetes Backblech geben. Frikadellen auf der Gemüse-Sahne-Masse verteilen und mit Paprikapulver bestäuben. Die Form auf dem Rost oder das Backblech in den vorgeheizten Backofen schieben.

**Ober-/Unterhitze:** etwa 200 °C
**Heißluft:** etwa 180 °C
**Garzeit:** etwa 25 Minuten.

**5.** Inzwischen Petersilie abspülen, trocken tupfen, die Blättchen von den Stängeln zupfen. Petersilie fein hacken. Frikadellen auf dem Gemüse mit Petersilie bestreut servieren.

## Dazu passt:

**Reis**. Kleine Faustregel für das Reisgaren: Für 8–10 Personen etwa 2½ Tassen Langkornreis (entspricht etwa 400 g) in einen Topf geben. Die doppelte Menge kaltes Wasser (5 Tassen = 800 ml) mit 2 Teelöffeln Gemüsebrühe (Instant) oder ½ Teelöffel Salz zufügen. Zum Kochen bringen und den Reis zugedeckt bei kleiner Hitze etwa 20 Minuten quellen lassen (Packungsanleitung beachten).

## Simpel
# Andalusische Pilzpfanne

Dauert etwa 35 Minuten, ohne Marinierzeit, für 2 Personen.

**Zutaten:**

je 250 g möglichst kleine Champignons, Austernpilze und Shiitakepilze
frisch gepresster Saft von ½ Zitrone
2 Knoblauchzehen
½ Bund Petersilie
5 EL Olivenöl
Salz
frisch gemahlener Pfeffer

Pro Portion:
E: 10 g, F: 25 g, Kh: 14 g,
kJ: 1280, kcal: 306, BE: 1,0

## Zubereitung:

**1.** Champignons putzen, mit Küchenpapier abreiben, evtl. abspülen und trocken tupfen. Austernpilze putzen, mit Küchenpapier abreiben und in Streifen zupfen. Shiitakepilze putzen, Stängel flachschneiden, Pilze mit Küchenpapier abreiben und große Shiitakepilze halbieren oder vierteln. Alle drei Pilzsorten in einer Schüssel mit Zitronensaft beträufeln und etwa 10 Minuten zum Marinieren stehen lassen.

**2.** Inzwischen Knoblauchzehen abziehen und fein hacken. Petersilie abspülen, trocken tupfen, die Blättchen von den Stängeln zupfen und fein hacken.

**3.** Olivenöl in einer großen Pfanne erhitzen und die feingehackten Knoblauchzehen darin glasig dünsten.

**4.** Die marinierten Pilze hinzugeben und bei mittlerer Hitze 5–6 Minuten schmoren lassen, dabei ab und zu umrühren. Anschließend die Pilzpfanne bei großer Hitze kurz anbraten.

**5.** Pilzpfanne mit Salz und Pfeffer kräftig würzen, fein gehackte Petersilie unterrühren und dann alles sofort heiß servieren.

## Dazu passt:

Baguette- oder Fladenbrot, so servieren Sie im Nu ein vegetarisches Hauptgericht.

## Tipp:

Wer es gerne würzig-säuerlich mag, kann die Pilzpfanne zusätzlich mit 1–2 Teelöffeln frisch gepresstem Zitronensaft abschmecken.

## Variante:

Für eine **Champignon-Sahne-Pfanne** (1–2 Personen) statt der Austern- und Shiitakepilze möglichst kleine Champignons (750 g) verwenden. Pilze putzen und ganz lassen (größere Pilze halbieren oder vierteln). 1 Zwiebel abziehen, fein würfeln. 40 g Butterschmalz in einer Pfanne erhitzen. Zwiebelwürfel darin unter Rühren dünsten. Pilze hinzugeben und unter gelegentlichem Rühren bei mittlerer Hitze braten, mit Salz und Pfeffer kräftig würzen. 125 g Schlagsahne und 1–2 Esslöffel Crème fraîche hinzugeben und bei schwacher Hitze erwärmen. Zutaten mit Salz und Pfeffer abschmecken. Mit 1 Esslöffel Schnittlauchröllchen bestreuen.
Mit Toast- oder Baguettebrot servieren. Wem die Sauce zu flüssig ist, rührt etwas hellen Saucenbinder unter (Packungsanleitung beachten). Nach Belieben die Sauce mit etwas Zitronensaft abschmecken.

## Kleine Warenkunde:

Speisepilze werden bei uns das ganze Jahr über gezüchtet oder werden saisonal geerntet. Austernpilze, Champignons (weiß, rosé oder braun), Morcheln, Pfifferlinge, Shiitakepilze und Steinpilze zählen zu den bekanntesten Vertretern.

# Züricher Geschnetzeltes

Dauert etwa 25 Minuten, für 1–2 Personen.

## Zubereitung:

**1.** Zwiebel abziehen und fein würfeln. Kalbfleisch unter fließendem kalten Wasser abspülen, trocken tupfen und in sehr dünne, teelöffelgroße Scheiben schneiden. Fleisch mit Mehl bestäuben.

**2.** In einer beschichteten, großen Pfanne die Hälfte von dem Butterschmalz oder Öl erhitzen. Fleischscheiben darin 2–3 Minuten braten, dabei gelegentlich umrühren und darauf achten, dass das Fleisch nicht zu braun wird. Fleisch aus der Pfanne nehmen, in einer Schüssel warm stellen und mit einem Teller zudecken.

**3.** Restliches Bratfett erhitzen. Die Zwiebelwürfel darin etwa 3 Minuten goldgelb dünsten und mit Weißwein ablöschen.

**4.** Sahne und Fleischscheiben hinzufügen, mit Salz, Pfeffer und Zucker würzen. Geschnetzeltes in der Sauce erwärmen, nicht mehr kochen lassen, sonst wird das Fleisch hart. Das Geschnetzelte mit den Gewürzen und etwas Zitronensaft abschmecken.

## Dazu passt:

Reis oder Kartoffelrösti (TK-Ware) mit Blattsalat.

## Tipp:

Sie können zusätzlich 100 g geputzte, in Scheiben geschnittene Champignons mit den Zwiebelwürfeln andünsten. Dann wie im Rezept beschrieben fortfahren. Wenn Sie das Rezept verdoppeln wollen, achten Sie darauf, dass das Fleisch dann portionsweise angebraten werden sollte, so wird es gleichzeitig gar und nicht zu braun. Anstelle von Kalbfleisch können Sie auch Schweine- oder Geflügelfleisch verwenden.

## Variante I:

Für **Geschnetzeltes mit Kräutern** 1½– 2 Esslöffel frisch gehackte Kräuter (z.B. Schnittlauch, Petersilie, Kerbel) oder ½–1 Teelöffel getrocknete Kräuter (z.B. Thymian) mit zur Sahne geben und erhitzen.

## Variante II:

Für **Geschnetzeltes mit Tomaten** den Weißwein durch 4–5 Esslöffel Tomatenwürfel (Tetra Pak®) ersetzen. Tomatenwürfel zu den angedünsteten Zwiebelwürfeln geben, dann Sahne und Fleisch hinzufügen und mit den Gewürzen erwärmen.

## Zutaten:

1 mittelgroße Zwiebel
300 g mageres Kalbfleisch aus der Keule
1 gestr. EL Weizenmehl
20 g Butterschmalz oder 2 EL Speiseöl
5 EL (60 ml) Weißwein
125 g Schlagsahne
Salz
frisch gemahlener Pfeffer
1 Prise Zucker
evtl. ½–1 TL frisch gepresster Zitronensaft

Insgesamt:
E: 68 g, F: 64 g, Kh: 13 g,
kJ: 4006, kcal: 957, BE: 1,0

# Klassiker – mit Alkohol

# Putenstreifen „Scheherazade“

## Einfach, schnell und lecker

Dauert etwa 25 Minuten, für 1–2 Personen.

## Zubereitung:

**1.** Putenschnitzel unter fließendem kalten Wasser abspülen, trocken tupfen und in fingerdicke Streifen schneiden. Zitronen heiß abwaschen und abtrocknen. Von einer halben Zitrone die Schale fein abreiben. Die restliche Schale mit einem scharfen Messer so abschneiden, dass die weiße Haut mitentfernt wird. Die Zitronenfilets herausschneiden. Abgeriebene Zitronenschale und -filets beiseitestellen.

## Zutaten:

2 Putenschnitzel (je etwa 150 g)
2 Bio-Zitronen (unbehandelt, ungewachst)
2 mittelgroße, rote Zwiebeln
8 Stängel Zitronenthymian
2 EL abgezogene, ganze Mandeln
4 EL Olivenöl
Salz
frisch gemahlener Pfeffer

Insgesamt:
E: 80 g, F: 60 g, Kh: 16 g,
kJ: 3924, kcal: 938, BE: 1,0

**2.** Zwiebeln abziehen, halbieren und die Hälften in Spalten schneiden. Thymianstängel abspülen, trocken tupfen und einige Stängel zum Garnieren beiseitelegen. Von den restlichen Stängeln die Blättchen abzupfen.

**3.** Mandeln im Wok oder in einer beschichteten Pfanne ohne Öl unter gelegentlichem Rühren leicht bräunen, herausnehmen und auf einem Teller erkalten lassen.

**4.** Die zweite Zitronen mit Schale vierteln und die Viertel in Stücke schneiden. Öl im Wok oder der Pfanne erhitzen und die Zitronenstücke bei mittlerer Hitze anbraten, bis sie gut gebräunt sind. Die Zitronenstücke mit dem Öl in ein Sieb geben, dabei das Öl auffangen.

**5.** Das Zitronenöl wieder in den Wok oder in die Pfanne geben, erhitzen und die Fleischstreifen darin unter Rühren bei mittlerer Hitze anbraten. Mit Salz und Pfeffer würzen. Die Zwiebelspalten zufügen und unter Rühren kurz mitdünsten. Gebräunte Mandeln mit 1 Messerspitze abgeriebener Zitronenschale und abgezupften Thymianblättchen hinzugeben und umrühren.

**6.** Die Zutaten mit Salz, Pfeffer und etwas Zitronenschale abschmecken, auf Tellern anrichten und mit beiseitegestellten Zitronenfilets und Thymianzweigen garnieren.

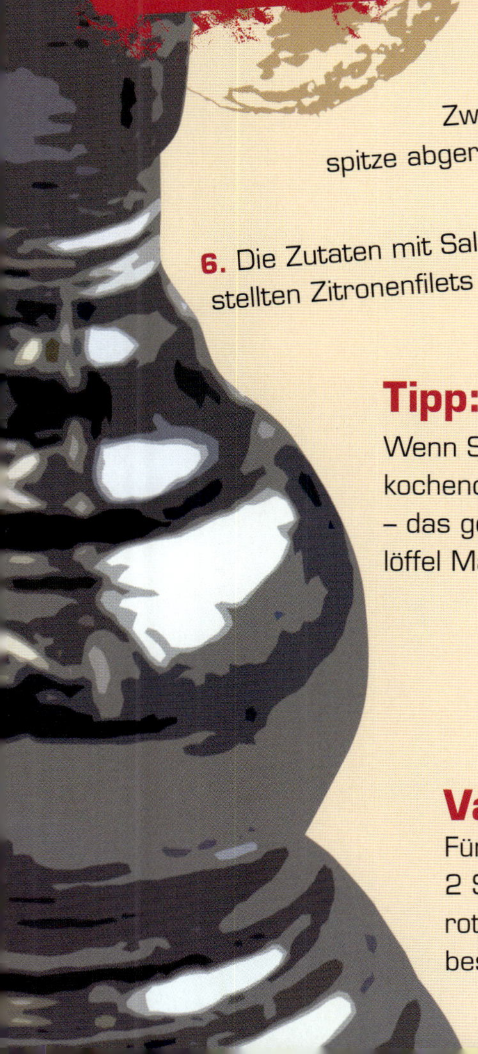

## Tipp:

Wenn Sie keine abgezogenen, ganzen Mandeln erhalten, die Mandeln kurz in kochendes Wasser legen, abgießen und die Schale von den Mandeln lösen – das geht ganz einfach. Wer dazu keine Lust hat, nimmt stattdessen 2 Esslöffel Mandelsplitter; diese sind bereits geschält.

## Beilage:

Ofenwarmes Fladenbrot, Reis oder Spanische Zitronenkartoffeln (siehe Rezept Seite 74/75) mit grünem Blattsalat.

## Variante:

Für **Orientalische Schnitzelstreifen** (1–2 Personen) statt Pute 2 Schweineschnitzel (je etwa 150 g) verwenden. Außerdem die roten Zwiebeln durch 3–4 Schalotten ersetzen. Wie im Rezept beschrieben alles zubereiten und garen.

# Cabanossi-Reis-Pfanne

## Ganz simpel

Dauert etwa 45 Minuten,
für 1–2 Personen.

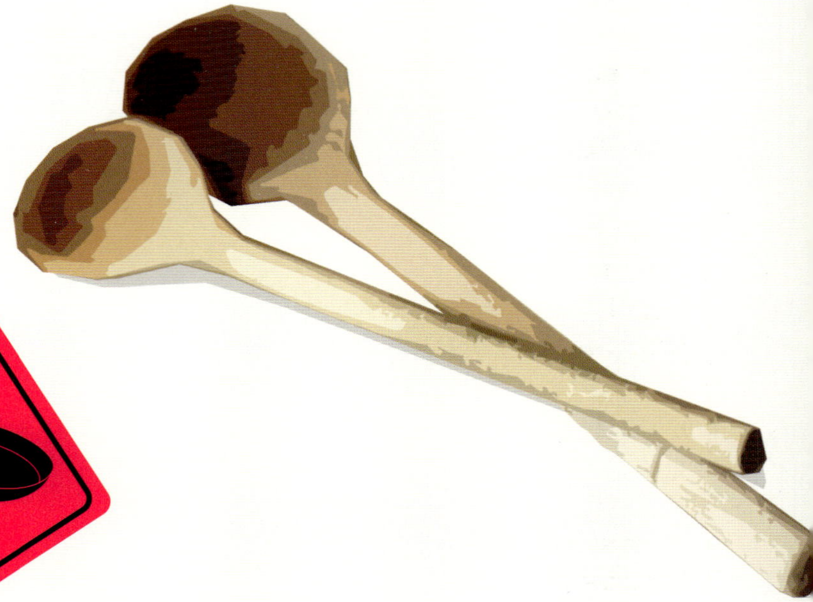

### Zutaten:

½ Zwiebel
1 Knoblauchzehe
2 EL Olivenöl
100 g Risottoreis, z.B. Arborio-Reis
1 gestr. TL Currypulver
5–6 EL (etwa 70 ml) Weißwein
250 ml (¼ l) Gemüsebrühe
2 kleine Tomaten (etwa 100 g)
100 g Zuckerschoten
200 g Cabanossi (geräucherte Knoblauchwurst)
Salz
frisch gemahlener Pfeffer

Insgesamt:
E: 39 g, F: 80 g, Kh: 94 g,
kJ: 5444, kcal: 1299, BE: 7,5

### Zubereitung:

**1.** Zwiebel und Knoblauchzehe abziehen und würfeln. Öl in einer beschichteten Pfanne erhitzen. Zwiebel- und Knoblauchwürfel darin anbraten. Risottoreis einstreuen, Currypulver hinzufügen und unter Rühren so lange anbraten, bis die Reiskörner glasig sind.

**2.** Jeweils die Hälfte des Weißweins und der Brühe hinzufügen und ohne Deckel garen, bis die Flüssigkeit vom Reis aufgenommen ist, dabei ab und zu umrühren. Dann die restliche Flüssigkeit hinzufügen und etwa 10 Minuten weitergaren.

**3.** In der Zwischenzeit Tomaten abspülen, kreuzweise einschneiden und kurz in kochendes Wasser legen. Anschließend in kaltem Wasser abschrecken, enthäuten und Stängelansätze entfernen. Tomaten halbieren, entkernen und in Spalten schneiden.

**4.** Von den Zuckerschoten die Enden abschneiden, die Schoten evtl. abfädeln, waschen und abtropfen lassen. Große Zuckerschoten quer halbieren.

**5.** Cabanossi schräg in Scheiben schneiden. Tomatenachtel, Zuckerschoten und Cabanossischeiben zum Reis geben, unterrühren und zugedeckt etwa 5 Minuten garen. Ist die Brühe vollkommen verdampft, noch etwas Wasser hinzufügen.

**6.** Die Cabanossi-Reis-Pfanne mit Salz und Pfeffer abschmecken.

## Tipp:
So geht es noch schneller: Statt der frischen, gehäuteten, entkernten und in Spalten geschnittenen Tomaten 2 Esslöffel stückige Tomaten (aus der Dose) nehmen.

## Variante:
Für eine **Cabanossi-Pfanne mit Reis und Erbsen** (1–2 Personen) die Zuckerschoten durch die gleiche Menge TK-Erbsen ersetzen. Aufgetaute Erbsen mit den Tomaten und der Wurst zum Reis geben, mitgaren und würzen. (Aufgetaute TK-Erbsen werden in etwa 5 Minuten im Reis gar.)

## Kleine Warenkunde:
Cabanossi kommt ursprünglich vom Balkan und ist eine kräftig gewürzte Brühwurst mit Knoblauch, die geräuchert wird.

# Kartoffel-Tortilla
## Ganz einfach

Zubereitungszeit: 40 Minuten,
Backzeit: 15–20 Minuten, für 1–2 Personen.

### Zutaten:

400 g festkochende Kartoffeln
1 kleine Zwiebel
1–2 Knoblauchzehen
1 kleine, rote Paprikaschote (etwa 150 g)
4 Stängel Petersilie
2 EL Olivenöl
2 Eier (Größe M)
125 g Speisequark (40 % Fett)
Salz
frisch gemahlener Pfeffer

Insgesamt:
E: 36 g, F: 47 g, Kh: 62 g,
kJ: 3501, kcal: 836, BE: 4,5

### Zubereitung:

1. Kartoffeln waschen, schälen, abspülen, abtrocknen und in kleine Würfel schneiden. Zwiebel und Knoblauchzehen abziehen. Zwiebel fein würfeln, Knoblauchzehen durch eine Knoblauchpresse drücken oder ebenfalls fein würfeln.

2. Paprikaschote halbieren, entstielen, entkernen und die weißen Scheidewände entfernen. Schote waschen, trocken tupfen und in kleine Würfel schneiden. Petersilie abspülen, trocken tupfen und die Blättchen von den Stängeln zupfen. Blättchen fein hacken.

3. Olivenöl in einer großen, backofengeeigneten Pfanne erhitzen und die Kartoffelwürfel rundherum in etwa 8 Minuten bei mittlerer Hitze anbraten. Zwiebel- und Knoblauchwürfel hinzugeben und kurz mitbraten. Anschließend zugedeckt etwa 10 Minuten garen, gelegentlich umrühren. Den Backofen vorheizen.

4. In der Zwischenzeit die Eier trennen. In einer Schüssel den Quark mit dem Eigelb kräftig verrühren. Das Eiweiß mit Handrührgerät und Rührbesen auf höchster Stufe halb steifschlagen und unter die Eigelb-Quark-Masse heben.

5. Paprikawürfel und ⅔ der Petersilie (restliche Petersilie beiseitelegen) unter die Kartoffeln rühren. Alles mit Salz und Pfeffer würzen. Quarkmasse über die Kartoffeln gießen.

6. Die Pfanne auf dem Rost auf der mittleren Schiene in den vorgeheizten Backofen schieben.

**Ober-/Unterhitze:** etwa 220 °C
**Heißluft:** etwa 200 °C
**Backzeit:** 15–20 Minuten.

7. Tortilla herausnehmen und mit beiseitegelegter Petersilie bestreut servieren.

### Variante I:

Für eine **Tortilla mit Garnelen** (1–2 Personen) 1 Packung (300 g) TK-Garnelen nach Packungsanleitung auftauen. 250 g festkochende Kartoffeln waschen, schälen, abspülen und in Scheiben schneiden. Je ½ rote und gelbe Paprikaschote entstielen, entkernen, die weißen Scheidewände entfernen. Schoten waschen, abtropfen lassen und in feine Streifen schneiden. 1 kleine Zucchini waschen, abtrocknen und die Enden abschneiden. Zucchini in Scheiben schneiden. In einer großen Pfanne 1½ Esslöffel Olivenöl erhitzen und die Kartoffelscheiben darin bei mittlerer Hitze in etwa 15 Minuten unter gelegentlichem Rühren braten. Kartoffeln herausnehmen und abgedeckt warm stellen. 2 Esslöffel Olivenöl in die Pfanne geben, Paprikastreifen und Zucchinischeiben darin andünsten. Gedünstetes Gemüse zu den Kartoffeln geben. 3 Eier (Größe M) mit 8 Esslöffeln Schlagsahne in einer Rührschüssel verrühren und mit Salz würzen. Aufgetaute Garnelen unter fließendem kalten Wasser abspülen und trocken tupfen. Garnelen mit 2 Esslöffeln Tomatenstücke (Tetra Pak®) zu der Kartoffel-Gemüse-Masse geben und kurz unterheben. Eiersahne hinzugießen und die Tortilla zugedeckt bei schwacher Hitze etwa 10 Minuten stocken lassen. Mit 1 Esslöffel Schnittlauchröllchen und Chiliflocken bestreut servieren.

## Variante II:

Für **Tortilla vom Blech** (8–10 Personen) 2 kg festkochende Kartoffeln waschen, schälen und in dünne Scheiben schneiden. 2 Esslöffel Öl in einer großen Pfanne erhitzen. Die Hälfte der Kartoffelscheiben hineingeben und mit Salz und Pfeffer bestreuen. Die Pfanne mit Deckel zudecken und 20–25 Minuten braten, zwischendurch umrühren. Kartoffelscheiben auf ein gefettetes, tiefes Backblech geben. Dann 2 weitere Esslöffel Öl erhitzen und die übrigen Kartoffelscheiben ebenso garen und auf das Backblech geben. In der Zwischenzeit 3 rote Paprikaschoten halbieren, entstielen, entkernen, die weißen Scheidewände entfernen. Schoten waschen, abtropfen lassen und in Würfel schneiden. 3 Bund Frühlingszwiebeln putzen, waschen, abtropfen lassen und in dünne Scheiben schneiden. 3 Zucchini waschen, abtrocknen, die Enden abschneiden, Zucchini in dünne Scheiben schneiden. Backofen vorheizen. 2 Esslöffel Öl in einer großen Pfanne erhitzen, das vorbereitete Gemüse hinzugeben und bei mittlerer Hitze unter gelegentlichem Rühren in etwa 10 Minuten bissfest dünsten. Das Gemüse mit Salz und Pfeffer bestreuen und unter die Kartoffelscheiben rühren. 12 Eier (Größe M) mit 750 g Sahne in einer Rührschüssel verschlagen. Mit Salz und Pfeffer würzen. 2 Bund Schnittlauch abspülen, trocken tupfen und in feine Röllchen schneiden. Schnittlauchröllchen unter die Eiersahne rühren und über die Kartoffel-Gemüse-Masse gießen. Das Backblech in den vorgeheizten Backofen schieben. Bei **Ober-/Unterhitze:** etwa 180 °C, **Heißluft:** etwa 160 °C 35–40 Minuten backen.

# Geschnetzeltes Rindfleisch „Asiatische Art“

Dauert etwa 45 Minuten, ohne Durchziehzeit, für 1–2 Personen.

## Simpel

**Zutaten:**

2 Rumpsteaks (je etwa 200 g)
1 walnussgroßes Stück Ingwer
3–4 EL helle Sojasauce
1 TL Sambal Oelek
1 rote Paprikaschote (etwa 200 g)
200 g Zuckerschoten
200 g Sojabohnenkeimlinge
1 Knoblauchzehe
2 EL Speiseöl, z.B. Sonnenblumenöl
frisch gemahlener Pfeffer
Salz
1 Prise Zucker

Insgesamt:
E: 124 g, F: 47 g, Kh: 52 g,
kJ: 4751, kcal: 1131, BE: 3,5

## Zubereitung:

**1.** Rumpsteaks unter fließendem kalten Wasser abspülen, trocken tupfen und in feine Streifen schneiden. Für die Marinade Ingwer schälen und sehr fein hacken. Mit Sojasauce und Sambal Oelek verrühren. Fleischstreifen in eine flache Schale legen, Marinade darübergießen, mit dem Fleisch vermengen und alles 20–30 Minuten durchziehen lassen.

**2.** In der Zwischenzeit Paprikaschote halbieren, entstielen, entkernen und die weißen Scheidewände entfernen. Schote waschen, trocken tupfen und in kleine Würfel schneiden. Von den Zuckerschoten die Enden abschneiden, die Schoten evtl. abfädeln, waschen und abtropfen lassen. Zuckerschoten schräg halbieren. Sojabohnenkeimlinge in ein Sieb geben, unter fließendem kalten Wasser abspülen und gut abtropfen lassen. Sprossen evtl. auf ein Küchentuch geben. Knoblauchzehe abziehen und durch eine Knoblauchpresse drücken oder fein hacken.

**3.** Öl in einem Wok oder in einer beschichteten Pfanne erhitzen. Die Fleischstreifen mit der Marinade bei großer bis mittlerer Hitze kräftig anbraten, dabei umrühren. Paprikawürfel, halbierte Zuckerschoten und Knoblauch hinzugeben und weitere 5–8 Minuten bei mittlerer Hitze garen. Gelegentlich umrühren. Kurz vor Ende der Garzeit die Sojabohnenkeimlinge hinzugeben, unterrühren und miterwärmen.

**4.** Rindfleisch mit Pfeffer, Salz und Zucker würzen.

## Dazu passt:

Reis oder chinesische Eiernudeln.

## Variante:

Für **Schweinefleisch süß-sauer** (1–2 Personen)
400 g mageres Schweinefleisch (oder 2 Schweineschnitzel je etwa 200 g) unter fließendem kalten Wasser abspülen, trocken tupfen und würfeln. Für die Marinade 2 Teelöffel Speisestärke mit 2 Esslöffeln heller Sojasauce und 1 Esslöffel Zitronensaft verrühren. Fleisch 20–30 Minuten in der Marinade ziehen lassen. Inzwischen 2 Möhren putzen, schälen, abspülen und abtropfen lassen. Möhren längs halbieren und in Scheiben schneiden. Von 2 kleinen Stangen Staudensellerie Wurzelenden und welke Blätter entfernen, die harten Außenfäden abziehen. Die Selleriestangen waschen, abtropfen lassen und in dünne Scheiben schneiden. 2–3 Frühlingszwiebeln putzen, waschen, abtropfen lassen und in feine Scheiben schneiden. 1 Bio-Orange (unbehandelt, ungewachst) waschen, abtrocknen, die Schale fein abreiben und beiseitestellen. Restliche Schale mit einem scharfen Messer so entfernen, dass die weiße Haut mitentfernt wird. Orangenfilets herausschneiden. 3–4 Stängel Koriander abspülen, trocken tupfen und die Blättchen von den Stängeln zupfen. Blättchen fein hacken. 2 Esslöffel Speiseöl in einem Wok oder in einer beschichteten Pfanne erhitzen und die Fleischwürfel mit der Marinade bei mittlerer bis großer Hitze unter ständigem Rühren kräftig anbraten. Vorbereitetes Gemüse hinzugeben und 5–8 Minuten mitgaren. Gelegentlich umrühren. Kurz vor Ende der Garzeit abgeriebene Orangenschale, Orangenfilets und Koriander unterrühren. Mit Sojasauce, Honig und Zitronensaft abschmecken.

Dauert etwa 90 Minuten,
für 8–10 Personen.

Für Freunde

# Hähnchen-Paella

## Zubereitung:

1. Frische Hähnchenschenkel kalt abspülen, trocken tupfen, enthäuten und im Gelenk halbieren. TK-Hähnchenschenkel nach Packungsanleitung auftauen lassen und trocken tupfen. Zwiebeln und Knoblauchzehen abziehen und fein würfeln.

2. Die Hälfte des Öls in einer großen Pfanne erhitzen. Die Hälfte der Hähnchenstücke darin bei mittlerer Hitze etwa 12 Minuten braten, dabei gelegentlich wenden. Hähnchenstücke herausnehmen und in einen großen, hohen Topf geben. Übriges Fleisch in dem restlichen Öl anbraten und ebenfalls in den Topf geben.

3. Inzwischen Tomaten abspülen, kreuzweise einschneiden und kurz in kochendes Wasser legen. Anschließend in kaltem Wasser abschrecken, enthäuten und die Stängelansätze entfernen. Tomaten in Stücke schneiden. Paprikaschoten halbieren, entstielen, entkernen und die weißen Scheidewände entfernen. Schoten waschen, trocken tupfen und in Stücke schneiden. Die Blätter vom Blumenkohl und schlechte Stellen entfernen, den Strunk abschneiden. Blumenkohl in Röschen teilen, waschen und abtropfen lassen.

4. Zwiebel- und Knoblauchwürfel im restlichen Bratfett andünsten. Risottoreis einstreuen und unter Rühren so lange anbraten, bis er glasig ist. Zwiebel-Knoblauch-Reis mit Tomaten-, Paprikastücken und Blumenkohlröschen zum Fleisch in den Topf geben, mit Salz und Pfeffer würzen. Safran unterrühren.

5. Hühnerbrühe hinzugießen und zum Kochen bringen. Alles zugedeckt bei schwacher Hitze 30–40 Minuten kochen lassen, bis die Flüssigkeit verdampft und der Reis weich ist. Gelegentlich umrühren. Hähnchen-Paella mit Salz und Pfeffer abschmecken.

## Variante:

Für eine **Meeresfrüchte-Paella** (8–10 Personen) 3 Esslöffel Olivenöl in einem großen Topf erhitzen. 400 g Langkornreis einstreuen und unter Rühren so lange anbraten, bis er glasig ist. 800 ml Gemüsebrühe hinzugießen, zum Kochen bringen und den Reis bei kleiner Hitze zugedeckt etwa 20 Minuten quellen lassen, bis die Flüssigkeit verdampft und der Reis gar ist. In der Zwischenzeit 4 Zwiebeln und 4 Knoblauchzehen abziehen, beides fein würfeln. Je 2 rote und grüne Paprikaschoten halbieren, entstielen, entkernen und die weißen Scheidewände entfernen. Schoten waschen, trocken tupfen und in dünne Streifen schneiden. In einer großen Pfanne 4 Esslöffel Olivenöl erhitzen. Zwiebel- und Knoblauchwürfel darin andünsten. Paprikastreifen zugeben und mitdünsten. Dann das angedünstete Gemüse in einen großen, hohen Topf geben, ¼ l (250 ml) Gemüsebrühe zugießen und bei schwacher Hitze 6–8 Minuten kochen lassen. In der Zwischenzeit 200 g Chorizo in kleine Würfel schneiden. 1 Dose Gemüsemais (Abtropfgewicht 285 g), 2 kleine Dosen Muschelfleisch und 1 Packung Shrimps (Abtropfgewicht 250 g, aus dem Kühlregal) abtropfen lassen. Chorizowürfel, Mais, Muschelfleisch, Shrimps, 200 g TK-Erbsen (unaufgetaut) und 6 Esslöffel (etwa 75 ml) trockenen Weißwein zu dem gedünsteten Gemüse geben, alles unter Rühren erhitzen. Gegarten Reis mit 4 g gemahlenem Safran zufügen, unterrühren und alles 4–5 Minuten bei schwacher Hitze erwärmen. Meeresfrüchte-Paella mit Pfeffer und 2 Prisen Cayennepfeffer würzen. Je 1 Bund gehackten Basilikum und Zitronenmelisse unter die Paella heben.

## Tipp:

Wer auf Wein verzichten möchte, erhöht die Menge der Gemüsebrühe um etwa 75 ml. Das Rezept lässt sich problemlos halbieren und für 4–5 Personen zubereiten.

## Zutaten:

8–10 Hähnchenschenkel (je 200–250 g) oder TK-Hähnchenschenkel
4 Zwiebeln
4 Knoblauchzehen
8 EL Speiseöl, z.B. Sonnenblumen- oder Olivenöl
8 Tomaten (etwa 550 g)
4 rote Paprikaschoten
1 großer Blumenkohl (etwa 1 kg)
400 g italienischer Risottoreis, z.B. Arborio, Vialone oder Avorio
Salz
frisch gemahlener Pfeffer
6 g gemahlener Safran
etwa 1 l Hühnerbrühe

Pro Portion:
E: 40 g, F: 17 g, Kh: 41 g,
kJ: 2036, kcal: 487, BE: 3,0

## Zubereitung:

**1.** Für die Tandoori-Spieße die Hähnchenbrustfilets unter fließendem kalten Wasser abspülen, trocken tupfen und in dünne, flache Streifen schneiden.
Die Fleischstreifen wellenförmig auf die Holzspieße stecken.

**2.** Joghurt und Gewürzmischung in einer Schüssel verrühren. Das Fleisch in eine flache Schale legen, mit der Joghurt-Tandoori-Mischung bestreichen und mit Frischhaltefolie zugedeckt im Kühlschrank etwa 1 Stunde durchziehen lassen.

**3.** Den Backofen vorheizen. Für den Dip Knoblauchzehen abziehen, durch eine Knoblauchpresse drücken oder sehr fein hacken und zu dem Joghurt geben. Mit Zitronensaft, Salz und Pfeffer würzen.

**4.** Die Spieße auf ein Backblech (mit Backpapier belegt) legen, nochmals mit der Joghurt-Gewürz-Mischung bestreichen. Das Backblech in den vorgeheizten Backofen schieben.

**Ober-/Unterhitze:** etwa 200 °C
**Heißluft:** etwa 180 °C
**Backzeit:** etwa 15 Minuten.

**5.** Nach etwa der Hälfte der Backzeit die Spieße wenden, nach Belieben nochmals mit der Joghurt-Gewürz-Mischung bestreichen, dann bei der **oben angegebenen Backofeneinstellung** weitergaren.

**6.** Die Spieße herausnehmen und mit dem Knoblauch-Dip servieren.

## Tipp:

Die Holzspieße evtl. in kaltem Wasser einweichen, damit sie aufquellen und nicht splittern. Das Fleisch lässt sich besonders gut schneiden, wenn Sie es vorher etwa 2 Stunden in das Gefrierfach legen.

## Dazu passt:

Für **Couscous mit Gemüse** (8–10 Personen)
5 Knoblauchzehen und 5 Zwiebeln abziehen und beides in feine Würfel schneiden. 750 g Zucchini und 1 kg Auberginen waschen, abtrocknen, die Enden abschneiden. Vorbereitetes Gemüse in etwa 1½ cm große Würfel schneiden. 750 g Kürbis in Spalten schneiden, schälen, Kerne entfernen. Kürbisfleisch abspülen, abtropfen lassen und würfeln. 600 g Möhren putzen, schälen, abspülen und ebenfalls in Würfel schneiden. 12–15 Fleischtomaten waschen, abtrocknen und Stängelansätze herausschneiden. Tomaten in Würfel schneiden. In einem großen, weiten Topf 8 Esslöffel Olivenöl erhitzen, Knoblauch und Zwiebeln darin andünsten. Zucchini, Auberginen, Kürbis, Möhren und Tomaten hinzufügen. Mit Salz, Pfeffer, etwas gemahlenem Zimt, 1 gestrichenem Esslöffel Paprikapulver edelsüß, 2–3 Esslöffeln Harissa (afrikanische Gewürzpaste), gemahlenen Nelken (oder Piment) und Kreuzkümmel würzen, etwa 15 Minuten bei schwacher Hitze zugedeckt schmoren lassen, dabei ab und zu umrühren. Dann 750 g Couscous mit 900 ml heißer Gemüsebrühe übergießen und im geschlossenen Topf bei schwacher Hitze 15 Minuten quellen lassen. Couscous mit 2 Gabeln auflockern, auf Tellern oder in Schüsseln verteilen und das Gemüse darübergeben. Nach Belieben Couscous mit 4 Esslöffeln gehackter Petersilie überstreuen.

# Exotisch
# Tandoori-Spieße

Zubereitungszeit: 45 Minuten, ohne Durchziehzeit,
Backzeit: etwa 15 Minuten, für 8–10 Personen.

## Zutaten:

Für die Tandoori-Spieße:
1½–2 kg Hähnchenbrustfilets
450 g Joghurt (3,5 % Fett)
4–4½ EL Tandoori-Gewürzmischung (aus dem Glas)

Für den Knoblauch-Dip:
2–3 Knoblauchzehen
300 g Joghurt (3,5 % Fett)
3–4 EL frisch gepresster Zitronensaft
Salz
frisch gemahlener Pfeffer

Außerdem:
etwa 40 Holzspieße

Pro Portion:
E: 49 g, F: 4 g, Kh: 5 g,
kJ: 1131, kcal: 271, BE: 0,5

# Texas Auflauf

Zubereitungszeit: 30 Minuten, ohne Antauzeit,
Garzeit: etwa 40 Minuten, für 1–2 Personen.

## Macht richtig satt

**Zutaten:**

375 g TK-Kartoffel-Wedges (Kartoffelspalten)
150 g TK-Brechbohnen
½ Dose Kidney-Bohnen (Abtropfgewicht 250 g)
1 kleine Dose Gemüsemais (Abtropfgewicht 140 g)
je ½ kleine, rote und grüne Paprikaschote (je etwa 150 g)
Salz

Für den Guss:
150 g Schlagsahne
150 ml Milch
2 Eier (Größe M)
Salz
frisch gemahlener Pfeffer
½ gestr. TL Paprikapulver edelsüß
Cayennepfeffer

Insgesamt:
E: 52 g, F: 92 g, Kh: 152 g,
kJ: 7019, kcal: 1678, BE: 12,5

## Zubereitung:

**1.** Kartoffel-Wedges und Bohnen aus der Packung nehmen und antauen lassen. Kidney-Bohnen in ein Sieb geben, kurz kalt abspülen und gut abtropfen lassen. Mais ebenfalls in einem Sieb abtropfen lassen.

**2.** Paprikahälften entstielen, entkernen und die weißen Scheidewände entfernen. Schoten waschen, abtrocknen und in Würfel schneiden. Wasser mit etwas Salz in einem Topf zum Kochen bringen. Paprikawürfel und Brechbohnen hinzufügen, 2–3 Minuten kochen lassen. Anschließend in ein Sieb geben und gut abtropfen lassen. Den Backofen vorheizen.

**3.** Für den Guss Sahne mit Milch und Eiern gut verrühren. Mit Salz, Pfeffer, Paprikapulver und Cayennepfeffer würzen.

**4.** Kartoffel-Wedges mit Kidney-Bohnen, Gemüsemais, Brechbohnen und Paprikawürfeln vermengen. Vorbereitete Zutaten in eine gefettete Auflaufform geben und mit der Eiersahne übergießen. Die Form auf dem Rost in den vorgeheizten Backofen schieben.

**Ober-/Unterhitze:** etwa 200 °C
**Heißluft:** etwa 180 °C
**Garzeit:** etwa 40 Minuten.

## Dazu passt:

Grüner Salat und Graubrot (in Scheiben) oder Roggenbrötchen.

## Tipp:

Es lohnt sich auch für den kleinen Haushalt Salat einzukaufen und zuzubereiten. Greifen Sie entweder auf fertig abgepackte Salate zurück oder bereiten Sie Salat „auf Vorrat“ zu. Frischen Blattsalat wie Lollo Rossa, Lollo Bionda, Eichblattsalat, Feldsalat etc. putzen, waschen, trocken schleudern und evtl. in Stücke zupfen. Die Salatmenge, die zu viel ist, zum Aufbewahren in einen großen Plastikbeutel geben, etwas Luft hineinblasen, den Beutel fest verschließen und im Gemüsefach des Kühlschrankes aufbewahren. So bleibt der Salat 2–3 Tage länger frisch, als wenn man ihn lose im Durchschlag oder in einer Schüssel aufbewahrt. Übrigen Salat mit einer Marinade aus 1½ Esslöffeln Kräuteressig, Salz, Zucker, frisch gemahlenem Pfeffer, 3 Esslöffeln Speiseöl, ½ Esslöffel gehackten Kräutern vermengen. Nach Belieben ½ klein gewürfelte Zwiebel unterrühren. Für 4 Personen lässt sich das Rezept problemlos verdoppeln.

## Abwandlung:

Für einen **Texanischen Hackfleischauflauf** (1–2 Personen) den Auflauf mit Hackfleisch statt mit Kartoffel-Wedges zubereiten. Dafür 400 g Rindergehacktes in 1½ Esslöffeln Olivenöl anbraten, Gehacktes dabei mit einer Gabel zerdrücken. 1 kleine, abgezogene, in Würfel geschnittene Zwiebel mitbraten. Hackfleisch mit Salz, Pfeffer und Chilipulver würzen. Abgetropfte Kidney-Bohnen und Gemüsemais sowie gekochte Brechbohnen und Paprikawürfel daruntermischen. Die Masse in eine gefettete Auflaufform geben und mit dem Guss übergießen. Den Auflauf **bei der im Rezept angegebenen Backofeneinstellung etwa 30 Minuten** garen.

# Schwedische Köttbullar

## Fast wie im Möbelhaus

Dauert etwa 35 Minuten, ohne Quellzeit,
für 1–2 Personen.

### Zubereitung:

**1.** Semmelbrösel mit Milch in einer kleinen Schüssel gut verrühren und etwa ½ Stunde quellen lassen.

**2.** Zwiebel schälen und auf der Haushaltsreibe fein reiben oder sehr fein hacken. Gurken in feine Würfel schneiden. Gehacktes mit Semmelbröselmasse, geriebener Zwiebel, Salz, Pfeffer und Ei zu einem geschmeidigen Teig verarbeiten.

**3**. Aus der Gehacktes-Masse mit angefeuchteten Händen walnussgroße Bällchen formen.

**4.** Öl in der Pfanne erhitzen. Die kleinen Köttbullar von beiden Seiten darin unter gelegentlichem Wenden bei mittlerer Hitze 8–10 Minuten braten. Köttbullar aus der Pfanne nehmen und zugedeckt warm stellen.

**5.** Sahne mit gewürfelten Gurken und -saft ins restliche Bratfett geben, aufkochen und etwa 2 Minuten einkochen lassen. Sauce mit Salz und Pfeffer würzen. Köttbullar in die Sauce geben und dann kurz darin erwärmen.

### Dazu passt:

Salzkartoffeln oder Reis mit Blattsalat.

### Tipp:

Statt eingelegter Gurken Perlzwiebeln oder Senffrüchte verwenden. Noch preiswerter wird es, wenn Sie statt Rindergehacktes ersatzweise halb Rinder-, halb Schweinegehacktes nehmen.

### Variante:

Für einen **Köttbullarauflauf** (1–2 Personen) zunächst 1 Zwiebel abziehen und sehr fein hacken. 300 g Rindergehacktes mit der Zwiebel, 1 kleinem Ei (Größe S) und 1 Esslöffel Semmelbrösel in eine Schüssel geben und gut vermengen. Gehacktes-Masse mit Salz und Pfeffer würzen. Aus der Masse mit angefeuchteten Händen 4 flache Köttbullar formen. Backofen vorheizen. 1½ Esslöffel Speiseöl in einer Pfanne erhitzen. Die Kötbullar von beiden Seiten darin unter gelegentlichem Wenden bei mittlerer Hitze etwa 10 Minuten braten. Eine kleine Auflaufform einfetten. 6 Cocktailtomaten waschen und abtrocknen. 400 g kleine, gegarte Kartoffeln (vom Vortag) pellen, je nach Größe halbieren oder vierteln. Kartoffeln mit den Kötbullar und den ganzen Cocktailtomaten in der Auflaufform verteilen. 1 Becher (150 g) Crème fraîche mit 100 g Schlagsahne, 2 Eiern (Größe S) und 1 Esslöffel Schnittlauchröllchen verrühren. Sahneguss mit Salz, frisch gemahlenem Pfeffer und Paprikapulver edelsüß würzen, über die Kötbullar und das Gemüse gießen, 3–4 Esslöffel geriebenen Gouda-Käse darüberstreuen. Die Form auf dem Rost in den vorgeheizten Backofen schieben (**Ober-/Unterhitze:** etwa 180 °C, **Heißluft:** etwa 160 °C, **Backzeit:** etwa 35 Minuten).

**Zutaten:**

50 g Semmelbrösel
125 ml (⅛ l) Milch
1 Zwiebel
2 Gewürzgurken
300 g Rindergehacktes
etwa ½ TL Salz
frisch gemahlener Pfeffer
1 Ei (Größe S)
1½ EL Speiseöl, z.B. Sonnenblumenöl
etwa 150 g Schlagsahne
1 EL Gurkensaft (aus dem Glas)

Insgesamt:
E: 79 g, F: 116 g, Kh: 53 g,
kJ: 6699, kcal: 1600, BE: 4,0

## Zutaten:

6 gelbe Paprikaschoten (etwa 1,2 kg)
6 rote Zwiebeln
2 Dosen Artischockenherzen (Abtropfgewicht je 240 g)
250 g Cocktailtomaten
5 EL Olivenöl
Salz
frisch gemahlener Pfeffer
2 Gläser schwarze Oliven mit Stein (Abtropfgewicht je 85 g)

Für den Guss:
6 Eier (Größe M)
3 Becher (je 150 g) Crème fraîche
2–3 TL getrocknete, provenzalische Kräuter
2 Knoblauchzehen

Außerdem:
250 g Mozzarella-Käse
etwa 16–20 Baguettescheiben (je 1–2 cm dick)

Pro Portion:
E: 18 g, F: 39 g, Kh: 33 g,
kJ: 2320, kcal: 556, BE: 2,0

# Provenzalischer Gemüseauflauf

## Für Gäste

Zubereitungszeit: 30 Minuten,
Garzeit: etwa 35 Minuten, für 8–10 Personen.

### Zubereitung:

**1.** Paprikaschoten halbieren, entstielen, entkernen und die weißen Scheidewände entfernen. Schoten waschen, abtrocknen und in Stücke schneiden. Zwiebeln abziehen und in Scheiben oder Spalten schneiden. Artischocken in einem Sieb gut abtropfen lassen und halbieren. Tomaten waschen, abtrocken und halbieren und die Stängelansätze entfernen. Backofen vorheizen.

**2.** 1½ Esslöffel von dem Öl in einer großen Pfanne erhitzen. Die Hälfte der Paprikastücke und Zwiebelscheiben oder -spalten darin unter Wenden bei mittlerer Hitze etwa 6 Minuten dünsten. Mit Salz und Pfeffer würzen. Paprikastücke und Zwiebelscheiben herausnehmen und beiseitestellen. In der Pfanne erneut 1½ Esslöffel Öl erhitzen und die restlichen Paprikastücke und Zwiebelscheiben darin andünsten. Mit Salz und Pfeffer würzen.

**3.** Oliven in einem Sieb abtropfen lassen. Oliven mit gedünstetem Paprika-Zwiebelgemüse, Artischocken und Tomaten in einer großen, gefetteten Auflaufform vermengen.

**4.** In einer Schüssel für den Guss Eier mit Crème fraîche, Salz, Pfeffer und Kräutern verschlagen. Knoblauchzehen abziehen, durch eine Knoblauchpresse drücken oder fein hacken und hinzugeben. Den Guss über die vorbereiteten Zutaten gießen. Die Form auf dem Rost in den vorgeheizten Backofen schieben.

**Ober-/Unterhitze:** etwa 200 °C
**Heißluft:** etwa 180 °C
**Garzeit:** etwa 20 Minuten.

**5.** Mozzarella-Käse abtropfen lassen und in etwa 16–20 dünne Scheiben schneiden. Auflauf herausnehmen. Baguettescheiben dachziegelartig auf den Zutaten verteilen, mit restlichem Öl beträufeln und leicht salzen. Mozzarella darauf verteilen und mit etwas Pfeffer würzen. Auflauf **weitere 15 Minuten bei gleicher Backofeneinstellung** goldbraun fertig backen. Heiß servieren.

### Tipp:

Typisch für die provenzalische Küche ist ein aromatischer Kräuter-Mix, der meistens aus getrocknetem Oregano, Thymian, Basilikum, Rosmarin, Salbei und Lavendelblüten besteht. Ebenso typisch für die karge Region im Süden Frankreichs ist Ziegenkäse. Je nach Geschmack können Sie diesen Auflauf auch mit mildem Ziegenfrischkäse (Ziegenrolle) oder Ziegenkäse-Talern zubereiten.

# Asiatisches Gratin mit Tofu und Pilzen

Raffiniert

Zubereitungszeit: 35 Minuten, ohne Marinierzeit
Backzeit: 10–12 Minuten, für 1–2 Personen.

## Zubereitung:

**1.** Tofu in etwa 2 cm dicke Scheiben schneiden und in eine flache Schale legen. Knoblauchzehe abziehen, Ingwer schälen. Beides fein würfeln, mit 1½ Esslöffeln Sojasauce mischen und über den Tofu träufeln. Tofu etwa 30 Minuten durchziehen lassen, dabei ab und zu wenden.

**2.** Backofen vorheizen. Frühlingszwiebeln putzen, waschen, abtropfen lassen und schräg in breite Scheiben schneiden. Pilze putzen, Stängel flach schneiden, Pilze mit Küchenpapier abreiben, evtl. abspülen und trocken tupfen. Große Pilze halbieren oder vierteln. Möhren putzen, schälen, waschen, abtrocknen und in feine Stifte schneiden.

**3.** Öl in einer großen Pfanne erhitzen, Tofuscheiben darin von jeder Seite 3–4 Minuten hellbraun braten, dann herausnehmen und beiseitestellen. Möhren in dem Bratfett etwa 2 Minuten dünsten, Pilze und Frühlingszwiebelscheiben hinzugeben und unter Wenden etwa 3 Minuten weiterbraten. Die Mischung mit etwas Sojasauce würzen und Asia-Sauce untermischen. Gemüse in eine gefettete Auflaufform füllen und Tofu darauf anrichten.

**4.** Nusskerne grob hacken. Chili entstielen, längs halbieren und entkernen. Chilischote abspülen, trocken tupfen und fein hacken. Nusskerne mit Chili, Honig und Öl mischen und auf dem Tofu verteilen. Die Form auf dem Rost in den vorgeheizten Backofen schieben.

**Ober-/Unterhitze:** etwa 200 °C
**Heißluft:** etwa 180 °C
**Garzeit:** 10–12 Minuten.

## Dazu passt:

Basmati-Reis.

## Kleine Warenkunde:

Shiitake-Pilze sind aromatische, japanische Zuchtpilze (auch Tonkgu). Sie werden auch bei uns immer beliebter. Sie können sowohl frisch, als auch getrocknet verwendet werden. Getrocknet ist ihr leicht rauchiger Geschmack sogar noch intensiver. Gute Qualität erkennt man an festen, hellbraunen Kappen, die trocken und nicht eingerissen sind. Salz und Gewürze erst nach dem Garen des Pilzes zugeben, so kann sich das leckere Aroma des Pilzes besser entfalten. Der fast geschmacksneutrale, quarkähnliche Tofu wird aus Sojabohnenmilch hergestellt. Es gibt ihn in weicher oder festerer Qualität, natur, geräuchert oder bereits mit Kräutern und Gewürzen mariniert zu kaufen. Für dieses Gratin verwenden Sie am besten festen Tofu – sein feines Aroma erhält er durch die raffinierte Marinade.

## Variante:

Für **Asiatisches Geflügel-Champignon-Gratin** (1–2 Personen) 250–300 g Hähnchenbrust- oder Putenbrustfilet verwenden. Das Fleisch, wie im Rezept beschrieben, ebenfalls in Scheiben schneiden, marinieren und anbraten. Anstelle von Shiitake-Pilzen 100 g Champignons verwenden. Pilze mit dem Gemüse anbraten, alles in die Form schichten und backen.

## Zutaten:

250 g fester Tofu
1 Knoblauchzehe
1 Stück frischer Ingwer (2–3 cm)
etwa 2 EL Sojasauce
1 Bund Frühlingszwiebeln
100 g Shiitake-Pilze
200 g Möhren
1 EL Soja- oder Erdnussöl
5–6 EL (etwa 60 ml) Asia-Sauce süß-sauer
50 g geröstete, gesalzene Erdnusskerne
1 kleine, rote Chilischote
1 EL flüssiger Honig
½ EL Speiseöl, z.B. Sonnenblumenöl

Insgesamt:
E: 60 g, F: 66 g, Kh: 80 g,
kJ: 5045, kcal: 1207, BE: 4,5

# Veggie Moussaka Macht richtig satt

Zubereitungszeit: 50 Minuten
Backzeit: etwa 20 Minuten, für 8–10 Personen.

**Zutaten:**

3 Zwiebeln
4–5 Zucchini (etwa 1,25 kg)
4–5 große Auberginen (etwa 1,8 kg)
Salz
8 Tomaten
2 Stängel Thymian
2 Stängel Rosmarin
etwa 200 ml Olivenöl
4–5 EL Weizenmehl
frisch gemahlener, bunter Pfeffer
3 Knoblauchzehen
150 g geriebener Parmesan-Käse

Pro Portion:
E: 11 g, F: 30 g, Kh: 14 g,
kJ: 1541, kcal: 367, BE: 0,5

## Zubereitung:

**1.** Zwiebeln abziehen und in feine Würfel schneiden. Zucchini waschen, abtrocknen, die Enden abschneiden. Zucchini in Würfel schneiden.

**2.** Auberginen waschen, abtrocknen, die Enden abschneiden. Auberginen in ½–1 cm dicke Scheiben schneiden, mit Salz bestreuen und etwa 15 Minuten Saft ziehen lassen.

**3.** In der Zwischenzeit Tomaten waschen, abtrocknen, halbieren und die Stängelansätze herausschneiden. Tomaten entkernen und das Tomatenfruchtfleisch in Würfel schneiden.

**4.** Thymian- und Rosmarinstängel abspülen, trocken tupfen, Blättchen bzw. Nadeln von den Stängeln zupfen und Blättchen bzw. Nadeln fein hacken.

**5.** Etwas von dem Öl in einer Pfanne erhitzen. Die Auberginenscheiben mit Küchenpapier trocken tupfen. Auberginenscheiben in Mehl wälzen und portionsweise in dem Öl von beiden Seiten anbraten. Die gebratenen Auberginenscheiben in einer großen, gefetteten Auflaufform fächerförmig einschichten und warm stellen.

**6.** Backofen vorheizen. Das restliche Öl in der Pfanne erhitzen. Die Zwiebelwürfel darin andünsten. Zucchini- und Tomatenwürfel und gehackte Kräuter hinzugeben. Mit Salz und Pfeffer würzen. Knoblauchzehen abziehen, durch eine Knoblauchpresse drücken und unterrühren. Die Gemüsemischung 2–3 Minuten bei schwacher Hitze kochen lassen. Mit Salz und Pfeffer abschmecken.

**7.** Die Gemüsemischung zwischen den Auberginenscheiben verteilen und mit Parmesan bestreuen. Die Form auf dem Rost in den heißen Backofen schieben.

**Ober-/Unterhitze:** etwa 200 °C
**Heißluft:** etwa 180 °C
**Backzeit:** etwa 20 Minuten.

## Dazu passt:

Fladenbrot.

## Tipp:

Wer keine große Auflaufform hat, backt das Moussaka in zwei kleinen Formen.

## Variante:

**Klassisches Moussaka** (für 8–10 Personen) Dafür 2¼ kg Auberginen waschen, abtrocknen, die Enden abschneiden. Auberginen in ½–1 cm dicke Scheiben schneiden, mit Salz bestreuen und etwa 15 Minuten stehen lassen. Inzwischen 750 g Tomaten kreuzweise einschneiden und kurz in kochendes Wasser legen, in kaltem Wasser abschrecken, enthäuten, Stängelansätze herausschneiden und Tomaten in Scheiben schneiden. 3 Zwiebeln abziehen und würfeln. Etwas von 200 ml Olivenöl in einer Pfanne erhitzen. Auberginenscheiben mit Küchenpapier etwas trocken tupfen, portionsweise in dem Öl von beiden Seiten anbraten, auf Küchenpapier abtropfen lassen. Backofen vorheizen. Restliches Öl in der Pfanne erhitzen, die Zwiebelwürfel darin glasig andünsten und 800–1000 g Gehacktes (Lamm- oder Rindfleisch) hinzufügen. Unter Rühren anbraten, dabei die Klümpchen mit einer Gabel zerdrücken. Mit Salz, Pfeffer und je 1½ Teelöffel getrocknetem, gerebelten Oregano, Thymian und Basilikum würzen. Etwa 5 Minuten schmoren lassen. 3 Knoblauchzehen abziehen, durch eine Knoblauchpresse drücken und unterrühren.
Die Hälfte der Auberginenscheiben in eine große, flache, gefettete Auflaufform geben, mit Salz, Pfeffer und 1½ Esslöffeln gehackter Petersilie (frisch oder TK-Ware) bestreuen. Die Hälfte der Tomatenscheiben daraufgeben, das Gehackte darauf verteilen und nacheinander die restlichen Auberginen- und Tomatenscheiben fächerartig darauflegen. 450 g Joghurt (3,5 % Fett) mit 175 ml Milch und 3 frischen Eiern (Größe M) verrühren und über die Zutaten gießen. 200 g geriebener Gouda-Käse darüberstreuen.
Die Moussaka auf dem Rost in den vorgeheizten Backofen schieben und **bei angegebener Temperatur etwa 35 Minuten backen.**

# Paprika „Olé“ Schnell

Dauert etwa 30 Minuten, ohne Backzeit, für 1–2 Personen.

## Zubereitung:

**1.** Paprikaschoten abspülen, abtrocknen, am Stielende einen Deckel abschneiden und mit Hilfe eines Löffels die Kerne und die weißen Scheidewände entfernen. Schoten innen waschen, gut abtropfen lassen. Aubergine waschen, abtrocknen, die Enden abschneiden und in etwa 1 cm kleine Würfel schneiden. Zwiebel und Knoblauchzehe abziehen und fein würfeln. Tomaten waschen, abtrocknen, halbieren und die Stängelansätze herausschneiden. Tomaten grob würfeln. Backofen vorheizen.

**2.** Öl in einer Pfanne erhitzen. Die Auberginenwürfel darin von allen Seiten bei mittlerer bis großer Hitze kräftig anbraten. Zwiebel- und Knoblauchwürfel hinzugeben und andünsten. Reis zugeben und unter Rühren glasig dünsten.

**3.** Tomatenwürfel zu der Reismasse geben. Mit 125 ml (⅛ l) Brühe auffüllen, einmal aufkochen und etwa 12 Minuten bei schwacher Hitze kochen lassen. Etwa 5 Minuten bei abgeschalteter Kochstelle ausquellen lassen. Reismasse mit Salz und Chilipulver würzen.

**4.** Inzwischen Koriander abspülen, trocken tupfen, Blättchen von den Stängeln zupfen. Blättchen fein schneiden und unter die Reismasse mischen. Die Masse in die vorbereiteten Paprikaschoten füllen, die Schoten in eine gefettete Auflaufform setzen und die restliche Brühe darum verteilen. Die Paprikadeckel wieder aufsetzen. Die Form auf dem Rost in den vorgeheizten Backofen schieben.

**Ober-/Unterhitze:** etwa 200 °C
**Heißluft:** etwa 180 °C
**Backzeit:** etwa 45 Minuten.

**5.** Petersilie abspülen, trocken tupfen, Blättchen von den Stängeln zupfen und fein schneiden. Paprikaschoten mit Petersilie bestreuen und nach Belieben mit etwas Garflüssigkeit servieren.

Für **Auberginen „französisch“** (1–2 Personen) 2 kleine Auberginen waschen, abtrocknen, der Länge nach einen Deckel abschneiden. Fruchtfleisch mit einem Teelöffel herauslösen, einen etwa ½ cm breiten Rand stehen lassen. Fruchtfleisch fein würfeln. ½ kleine Gemüsezwiebel abziehen, fein würfeln. 1 Knoblauchzehe abziehen, mit 1 Prise Salz zu einer Paste zerdrücken. 2 Fleischtomaten waschen, abtrocknen, halbieren, entkernen. Stängelansätze herausschneiden. Tomaten in kleine Stücke schneiden. 4 Stängel Basilikum abspülen, trocken tupfen, Blättchen von den Stängeln zupfen. Blättchen fein hacken. Auberginen in kochendem Salzwasser etwa 3 Minuten blanchieren, in ein Sieb geben, mit kaltem Wasser übergießen und abtropfen lassen. Auberginen in eine kleine, gefettete Auflaufform setzen. 2 Esslöffel Öl in einem Topf erhitzen, etwa ¾ der Zwiebelwürfel hinzugeben, glasig andünsten. Auberginenwürfel und Tomatenstücke hinzufügen, etwa 10 Minuten schmoren. Knoblauchpaste und Basilikum unterrühren. Mit Salz und Pfeffer würzen. Auberginen mit der Auberginen-Tomaten-Masse füllen und mit 2–3 Esslöffeln geriebenem Emmentaler-Käse bestreuen. Die Auberginen auf dem Rost in den Backofen schieben, **bei angegebener Temperatur etwa 30 Minuten backen.** Für eine Sauce etwa 1 Esslöffel Öl in einem Topf erhitzen, restliche Zwiebelwürfel darin glasig dünsten. ½ Dose Tomatenstücke (200 g) unterheben, unter Rühren zum Kochen bringen. Tomatensauce mit ½ Päckchen 8-TK-Kräuter, Salz und Pfeffer würzen. Gefüllte Auberginen mit der Sauce servieren und nach Belieben mit Basilikumblättchen garnieren.

Für **Champignons „italienisch“** von 4 Riesenchampignons die Stielenden abschneiden und die Champignons putzen, evtl. mit Küchenpapier abreiben. Die Stiele aus den Champignonsköpfen drehen und aus den Köpfen die Lamellen herausschaben. Köpfe und Stiele abspülen und trocken tupfen. Stiele fein würfeln. 2 kleine Tomaten waschen, abtrocknen, halbieren und die Stängelansätze herausschneiden. Tomaten fein würfeln. 2 Scheiben Schinkenspeck in kleine Würfel schneiden. 1 kleine Zwiebel abziehen,

**Zutaten:**

2 große, grüne Paprikaschoten (etwa 500 g)
½ kleine Aubergine (etwa 125 g)
1 Zwiebel
1 Knoblauchzehe
3 Tomaten (etwa 175 g)
4 EL Olivenöl
60 g Rundkornreis
200 ml Gemüsebrühe
Salz
Chilipulver
½ Bund Koriander (ersatzweise 1 gehäufte Msp. gemahlener Koriander)
4 Stängel glatte Petersilie

Insgesamt:
E: 13 g, F: 47 g, Kh: 69 g,
kJ: 3163, kcal: 754, BE: 4,0

fein würfeln. 1 Esslöffel Butter zerlassen, Speck- und Zwiebelwürfel darin andünsten. Champignonwürfel zufügen und mitdünsten. Tomatenwürfel unterrühren, mit Salz, Pfeffer und ½ Päckchen Italienische-TK-Kräuter würzen, 6–8 Minuten dünsten. Die Champignonköpfe innen mit Salz und Pfeffer bestreuen, die Füllung hineingeben und in eine kleine, gefettete Auflaufform geben. 2 Esslöffel geriebenen Parmesan-Käse daraufstreuen. 100 g Schlagsahne mit 1 Esslöffel Tomatenmark, Salz und Pfeffer und ½ Teelöffel getrocknetem Oregano in einem kleinen Topf zum Kochen bringen. Sauce in die Form gießen. Die Champignons auf dem Rost in den Backofen schieben, **bei angegebener Temperatur etwa 30 Minuten backen.**

# Farfalle „Arrabbiata“

## Vorsicht scharf

Dauert etwa 35 Minuten, für 1–2 Personen.

**Zutaten:**

1 kleine Zwiebel
1 milde Peperoni
je ½ kleine rote, grüne und gelbe Paprikaschote (je etwa 100 g)
1 Frühlingszwiebel
1 EL Olivenöl
2 EL Tomatenstücke (Tetra Pak®)
2–3 EL Tomatensaft
Salz
frisch gemahlener Pfeffer
½ Msp. Sambal Oelek
2 l Wasser
200 g Farfalle-Nudeln oder andere Nudeln

Pro Portion:
E: 30 g, F: 14 g, Kh: 160 g,
kJ: 3751, kcal: 897, BE: 12

## Zubereitung:

**1.** Für die Sauce Zwiebel abziehen und erst in Scheiben schneiden, dann in Ringe teilen. Peperoni halbieren, enstielen und entkernen. Peperoni waschen, trocken tupfen und fein würfeln. Paprikaschoten entstielen, entkernen und die weißen Scheidewände entfernen. Schoten waschen, abtropfen lassen und in Würfel schneiden. Frühlingszwiebel putzen, waschen, abtropfen lassen und in feine Scheiben schneiden.

**2.** Olivenöl in einer Pfanne erhitzen. Zwiebelringe, Peperoni-, Paprika- und Tomatenstücke hineingeben und darin 2–3 Minuten unter Rühren dünsten. Tomatensaft hinzufügen und bei schwacher Hitze etwa 8 Minuten kochen lassen. Frühlingszwiebelscheiben, bis auf 1 Teelöffel, kurz vor dem Servieren in die Sauce geben. Die Sauce mit Salz, Pfeffer und Sambal Oelek abschmecken.

**3.** Inzwischen Wasser in einem großen geschlossenen Topf zum Kochen bringen. 1 Teelöffel Salz und Nudeln zugeben. Die Nudeln im geöffneten Topf bei mittlerer Hitze nach Packungsanleitung bissfest kochen, ab und zu umrühren. Anschließend die Nudeln in ein Sieb geben, mit heißem Wasser abspülen und abtropfen lassen.

**4.** Die Sauce mit den Gewürzen erneut abschmecken und zu den Nudeln reichen. Mit den beiseitegelegten Frühlingszwiebelscheiben bestreuen.

## Tipp:

Statt dreierlei Paprikahälften kann man auch 1 große Paprikaschote in Rot, Grün oder Gelb für das Rezept nehmen.

## Variante I:

Für **Farfalle mit Schinkensauce** (1–2 Personen) statt der Paprikaschoten und dem Sambal Oelek 1 zusätzliche Frühlingszwiebel und 2–3 Scheiben gekochten Schinken (ohne Fettrand) verwenden. Schinken in feine Würfel schneiden, mit Zwiebelringen, Peperoni- und Tomatenwürfeln andünsten. Die Sauce wie im Rezept beschrieben weiter zubereiten.

## Variante II:

Für **Farfalle mit Tunfischsauce** (1–2 Personen) statt der Paprikaschoten 1 Dose Tunfisch naturell (Abtropfgewicht 140 g) abtropfen lassen, mit der Gabel zerpflücken und zusätzlich mit 2 weiteren Esslöffeln Tomatenstücken und dem Gemüse in Öl andünsten. Anschließend die Sauce wie im Rezept beschrieben zubereiten.

# Kreta-Pfanne

Dauert etwa 35 Minuten, für 1–2 Personen.

Raffiniert

## Zubereitung:

**1.** Butter oder Margarine in einem kleinen Topf zerlassen. Reis hinzugeben und kurz mitdünsten. Brühe hinzugießen und alles zugedeckt bei schwacher Hitze etwa 20 Minuten quellen lassen.

**2.** Inzwischen Zucchini waschen, abtrocknen, die Enden abschneiden und Zucchini in dünne Scheiben schneiden.

**3.** Paprikaschoten vierteln, entstielen, entkernen und die weißen Scheidewände entfernen. Die Schoten waschen, abtropfen lassen und in kleine Stücke schneiden. Olivenöl in einer großen Pfanne erhitzen und die Paprikastücke bei mittlerer Hitze etwa 5 Minuten dünsten.

**4.** Knoblauchzehe abziehen, durch eine Knoblauchpresse drücken und mit den Zucchinischeiben zufügen. Zutaten etwa weitere 3 Minuten bei mittlerer Hitze bissfest garen. Das Gemüse mit Salz und Pfeffer würzen. Reis zufügen und alles etwa 5 Minuten unter Rühren erwärmen. Mit Petersilie bestreuen.

## Dazu passt:

Aufgebackenes Pitabrot. Oder servieren Sie zusätzlich gegrillte Lammkoteletts dazu.

## Tipp:

Gut schmeckt die Pfanne auch, wenn zum Schluss etwa 100 g klein gewürfelter Schafkäse untergehoben wird und dieser leicht schmilzt. Prima schmeckt dieses Gericht auch mit frischem oder getrocknetem Majoran statt Petersilie. Probieren Sie doch Natur- statt Langkornreis; er ist gesünder, da die wertvolle Außenhaut noch um das Korn liegt. Seine Garzeit erhöht sich jedoch um etwa 10 Minuten.

## Zutaten:

25 g Butter oder Margarine
100 g Langkornreis
200 ml Gemüsebrühe
1 Zucchini (200 g)
je 1 rote und grüne Paprikaschote
(je etwa 200 g)
2–3 EL Olivenöl
1 Knoblauchzehe
Salz
frisch gemahlener Pfeffer
1 EL gehackte Petersilie

Insgesamt:
E: 14 g, F: 48 g, Kh: 97 g,
kJ: 3717, kcal: 888, BE: 6,5

# Spanische Zitronenkartoffeln

## Leicht und lecker

Dauert etwa 30 Minuten, ohne Durchziehzeit,
für 1–2 Personen.

**Zutaten:**

etwa 400 g kleine, festkochende Kartoffeln
1 Bio-Zitrone (unbehandelt, ungewachst)

Für die Marinade:
½ Bund glatte Petersilie
½–1 Knoblauchzehe
½ TL Fenchelkörner
6 EL (etwa 70 ml) Gemüsebrühe
½–1 EL Sherry-Essig
3 EL Olivenöl
Salz
frisch gemahlener Pfeffer
½–1 TL brauner Zucker
(ersatzweise weißer Zucker)

Insgesamt:
E: 9 g, F: 31 g, Kh: 65 g,
kJ: 2483, kcal: 592, BE: 5,5

## Zubereitung:

**1.** Kartoffeln gründlich waschen, in einem Topf mit Wasser bedeckt zum Kochen bringen und in 20–25 Minuten mit Deckel gar kochen. Kartoffeln abgießen, mit kaltem Wasser abschrecken, abtropfen lassen und pellen.

**2.** Zitrone heiß abwaschen, abtrocknen, längs halbieren und in dünne Spalten schneiden, die Kerne entfernen.

**3.** Für die Marinade Petersilie abspülen, trocken tupfen und die Blättchen von den Stängeln zupfen. Blättchen in schmale Streifen schneiden. Knoblauchzehe abziehen und durch eine Knoblauchpresse drücken oder fein hacken. Fenchel in einem Mörser zerdrücken oder fein hacken.

**4.** Die Gemüsebrühe in einem kleinen Topf zum Kochen bringen, Topf von der Kochstelle nehmen. Essig, Olivenöl, Petersilienstreifen, Knoblauch und Fenchel unterrühren. Marinade mit Salz und Pfeffer würzen.

**5.** Gepellte Kartoffeln und Zitronenspalten in eine Schüssel geben, mit der Marinade übergießen und mindestens 2 Stunden ziehen lassen. Zitronenkartoffeln mit Salz, Pfeffer und Zucker abschmecken.

## Dazu passt:

Grüner Blattsalat wie Feld- oder Kopfsalat.

## Tipp:

Zitronenkartoffeln als Beilage zu kurzgebratenem Fleisch, Fisch oder Geflügel.

## Schnell

**Zutaten:**

Für gefüllte Zucchini:
4 eingelegte Peperoni (aus dem Glas)
2 kleine, feste Zucchini (je etwa 150 g)
Salz
frisch gemahlener Pfeffer
1 kleine Zwiebel
1 Knoblauchzehe
2½ EL Olivenöl
2 EL (60 g) stückige Tomaten (aus der Dose oder Tetra Pak®)
1 EL gehackte Petersilie
125 ml (⅛ l) Gemüsebrühe
einige schwarze Oliven

Insgesamt:
E: 7 g, F: 25 g, Kh: 16 g,
kJ: 1358, kcal: 323, BE: 0

# Dolma
## (türkisch gefülltes Gemüse)

Dauert etwa 25 Minuten, für 1–2 Personen.

### Zubereitung:

**1.** Peperoni in einem Sieb abtropfen lassen. Zucchini waschen, abtrocknen, die Enden abschneiden und halbieren. Zucchini mit einem Teelöffel aushöhlen, dabei einen 1 cm breiten Rand stehen lassen. Zucchinifruchtfleisch in feine Würfel hacken. Zucchiniwürfel salzen und pfeffern. Zwiebel und Knoblauchzehe abziehen und fein hacken.

**2.** 1½ Esslöffel Öl in einer Pfanne erhitzen. Zwiebel und Knoblauch darin andünsten. Zucchiniwürfel und Tomatenstücke zufügen und alles bei mittlerer Hitze 2–3 Minuten unter Rühren dünsten. Petersilie unterrühren, mit Salz und Pfeffer abschmecken. Füllung in die Zucchini geben.

**3.** In einem breiten, flachen Topf Brühe mit restlichem Öl aufkochen lassen. Topf von der Kochstelle nehmen und die gefüllte Zucchini vorsichtig hineinsetzen. Alles erneut aufkochen lassen und die Zucchini zugedeckt bei schwacher Hitze 5–8 Minuten bissfest garen. Zucchini mit einer Schaumkelle herausnehmen und auf einen Teller setzen. Mit Peperoni und Oliven servieren.

### Tipp:

Achten Sie beim Einkauf darauf, dass die Zucchini möglichst fest sind, diese kann man am besten aushöhlen und bissfest garen.

### Variante:

Für **Weinblattröllchen mit Kräuterreis** (etwa 14 Stück) etwa 115 g Weinblätter (aus dem Glas) auseinanderfalten, kalt abspülen, abtropfen lassen und trocken tupfen. 1 kleine Zwiebel abziehen und fein hacken. 1 Esslöffel Olivenöl in einem kleinen Topf erhitzen und die gehackte Zwiebel darin andünsten. 40 g Patna-Reis zufügen. Den Reis so lange im heißen Fett dünsten, bis alle Reiskörner glasig überzogen sind. Knapp 125 ml (⅛ l) Wasser mit 1–2 Prisen Salz hinzufügen, aufkochen und zugedeckt bei schwacher Hitze etwa 15 Minuten garen, bis das Wasser verdampft ist. 1½ Esslöffel Tomatenstücke (aus der Dose) zum gegarten Reis geben und erwärmen. Je 1 Esslöffel gehackte Petersilie, Dill und Minze unter die Reis-Tomaten-Masse rühren. Füllung mit Salz, Pfeffer und Piment abschmecken. Den Boden eines Topfes (Ø etwa 20 cm) mit 6–8 eingerissenen oder sehr kleinen Weinblättern auslegen. Von den übrigen Weinblättern (etwa 14 Stück) die Stiele mit einer Schere abschneiden. Weinblätter, mit der Rückseite nach oben, auf die Arbeitsfläche legen. Auf jedes Weinblatt am Stielansatz 1 Teelöffel Füllung geben, länglich formen, beide Blattseiten zur Mitte darüberklappen und bis zur Spitze wie Zigarren aufrollen. Die Röllchen dicht nebeneinander auf den Topfboden legen, mit der Öffnung nach unten. So viel Wasser (etwa 200 ml) hinzugießen, dass die Röllchen knapp bedeckt sind. Zum Beschweren einen umgedrehten Teller darauflegen. Aufkochen lassen und zugedeckt bei schwacher Hitze etwa 40 Minuten garen. Inzwischen 1 Knoblauchzehe abziehen, fein hacken und mit 150 g Joghurt (3,5 % Fett) verrühren. Mit Salz und Pfeffer würzen. Heiße Weinblattröllchen mit dem Knoblauchdip servieren.

### Tipp:

Die in Salzlake eingelegten Weinblätter gibt es bei uns eingerollt im Glas oder eingeschweißt in Folie.

Zu allen Gerichten schmeckt frisches Fladenbrot. Wer mag, kann den Reis vor dem Garen in einem Sieb abspülen, um die anhaftende Stärke zu entfernen.

# Mexikanische Süßkartoffeln

Dauert etwa 25 Minuten, für 1–2 Personen.

## Zubereitung:

**1.** Süßkartoffeln waschen, schälen, abspülen und in kleine Würfel schneiden. Knoblauchzehen abziehen und halbieren. Chilischoten entstielen, entkernen, waschen, trocken tupfen und in feine Ringe schneiden. Schalotten abziehen und in Scheiben schneiden.

**2.** Erdnussöl im Wok oder in einer beschichteten Pfanne erhitzen und die Kartoffelwürfel darin unter Wenden bei schwacher Hitze anbraten. Nach etwa 8 Minuten Knoblauchhälften, Chiliringe und Schalottenscheiben hinzufügen. Die Zutaten mit etwas Salz würzen und weitere 6–8 Minuten unter gelegentlichem Rühren braten.

**3.** Inzwischen Koriander abspülen und trocken tupfen. Die Blättchen von den Stängeln zupfen. Blättchen fein schneiden. Knoblauchhälften aus dem Wok oder der Pfanne nehmen. Koriander unter die Kartoffeln heben und servieren.

## Tipp:

Rote Süßkartoffeln sind äußerlich von den weißen, aber eher mehligen Süßkartoffeln kaum zu unterscheiden. Fragen Sie im Zweifel Ihren Gemüsehändler. Süßkartoffeln sind eine leckere Beilage zu kurzgebratenem Fleisch wie Koteletts, Steaks oder gebratenem Fischfilet (Seelachs, Kabeljau etc.). Koriander hat einen etwas säuerlich-scharfen Geschmack. Alternativ kann man Petersilie verwenden. Wer es nicht so scharf mag, verwendet nur eine rote Chilischote für das Rezept.

## Variante:

Für ein **Süßkartoffelpüree** (1–2 Personen) 500 g weißfleischige Süßkartoffeln waschen, schälen, abspülen, in Stücke schneiden und in einen Topf geben. Mit Salzwasser knapp bedecken und zum Kochen bringen. Süßkartoffeln etwa 25 Minuten garen. Kartoffeln abgießen, mit einem Kartoffelstampfer oder einer Gabel zerdrücken. Etwa 125 ml (1/8 l) Sahne oder Milch erhitzen und mit einem Kochlöffel nach und nach unter die Kartoffelmasse rühren (je nach Beschaffenheit der Kartoffeln kann die Sahne- oder Milchmenge etwas variieren). Püree mit etwas Salz abschmecken, nach Belieben 1–2 Teelöffel gehackte Kräuter unterrühren.

## Kleine Warenkunde:

Süßkartoffeln (Bataten) kommen ursprünglich aus Mittel- und Südamerika, inzwischen werden sie auch in Spanien oder Portugal angebaut. In der wärmeren Jahreszeit gibt es hier das größte Angebot. Man unterscheidet rot- und weißfleischige Süßkartoffeln, die sich äußerlich nicht unterscheiden. Süßkartoffeln schmecken leicht süßlich wie Kastanien.

**Zutaten:**

500 g rotfleischige Süßkartoffeln
2 Knoblauchzehen
1–2 rote Chilischoten
3–4 große Schalotten
(ersatzweise 1 große Zwiebel)
2–3 EL Erdnussöl
Salz
½ Bund Koriander
(ersatzweise Petersilie)

Insgesamt:
E: 6 g, F: 25 g, Kh: 102 g,
kJ: 2885, kcal: 690, BE: 8,0

# Vegetarisch

# Holländische Pannekoeken

Dauert etwa 35 Minuten, ohne Ruhezeit, für 1–2 Personen (ergibt 4 große Pfannkuchen).

## Zutaten:

Für den Teig:
125 g Weizenmehl
2 Eier (Größe M)
175 ml Milch
6–7 EL (etwa 75 ml) Mineralwasser
1 Prise Salz
etwa 40 g Butter, Speiseöl oder Butterschmalz

Für den Belag:
2 Möhren (etwa 200 g)
1 EL Butter
200 g TK-Erbsen
2 EL Gemüsebrühe
1 kleines Glas Spargelköpfe (Abtropfgewicht 115 g)
2 EL (etwa 60 g) Crème fraîche
Salz
frisch gemahlener Pfeffer
1 EL Dillspitzen

Pro Stück:
E: 13 g, F: 23 g, Kh: 34 g,
kJ: 1665, kcal: 398, BE: 2,5

## Zubereitung:

**1.** Für den Teig Mehl in eine Rührschüssel geben, in die Mitte eine Vertiefung drücken. In einer anderen Schüssel Eier, Milch, Mineralwasser und Salz mit einem Schneebesen verschlagen. Die Eiermasse zum Mehl geben und mit dem Schneebesen von außen nach innen verrühren. Dabei darauf achten, dass keine Klümpchen entstehen. Den glattgerührten Teig 20–30 Minuten ruhen lassen.

**2.** Möhren putzen, schälen, waschen, abtropfen lassen und in kleine Würfel schneiden. Butter in einem Topf zerlassen. Möhrenwürfel und Erbsen kurz darin andünsten. Gemüsebrühe hinzufügen und zugedeckt bei schwacher Hitze etwa 10 Minuten garen. Spargel in einem Sieb abtropfen lassen und zu dem Gemüse geben. Crème fraîche unter das Gemüse rühren, mit Salz und Pfeffer abschmecken. Das Gemüse warm halten.

**3.** Inzwischen etwas Fett in einer beschichteten Pfanne (Ø 24–28 cm) erhitzen und ein Viertel vom Teig mit einer Kelle in die Pfanne geben. Die Pfanne leicht schwenken, damit sich der Teig gleichmäßig auf dem Pfannenboden verteilen kann. Sobald die Ränder goldgelb sind und der gebackene Teig sich in der Pfanne leicht hin- und herschieben lässt, den Pfannkuchen vorsichtig mit einem Pfannenwender wenden und auf der anderen Seite goldgelb backen. Fertig gebackene Pfannkuchen im Backofen warm halten.

**4.** Die restlichen drei Pfannkuchen auf die gleiche Weise backen, dabei vor dem Backen den Teig umrühren und etwas Fett in die Pfanne geben. Dill unter das Gemüse rühren. Das Gemüse gleichmäßig auf die Pfannkuchen verteilen und zusammenklappen.

## Tipp:

Statt Spargelköpfe aus dem Glas können auch frische grüne Spargelspitzen verwendet werden.

## Variante:

Für **Crêpes mit Zwiebel-Mett-Füllung** (ergibt 4 Crêpe-Taschen) 150 g Weizenmehl in eine Schüssel geben. 2 Eier (Größe M) mit 200 ml Milch, 70 ml Mineralwasser und 1 Prise Salz verschlagen, nach und nach unter Rühren zum Mehl geben. Für die Füllung 1 Gemüsezwiebel abziehen, halbieren und in Scheiben schneiden. 1 Esslöffel Speiseöl in einer Pfanne erhitzen und die Zwiebel darin andünsten. 250 g Mett hinzugeben und unter Rühren darin braten, dabei die Fleischklümpchen mit einer Gabel zerdrücken. Mit Chilipulver würzen, evtl. mit Salz und Pfeffer abschmecken. ½ Bund Petersilie abspülen, trocken tupfen und die Blättchen von den Stängeln zupfen. Blättchen fein schneiden und unter die Zwiebel-Mett-Mischung rühren. Etwas Speiseöl in einer Pfanne (Ø 24–28 cm) erhitzen. Teig gut durchrühren und eine dünne Teiglage mit einer drehenden Bewegung gleichmäßig auf dem Pfannenboden verteilen. Den Crêpe von beiden Seiten goldgelb backen und warm stellen. Aus dem restlichen Teig 3 weitere Crêpes backen. Die Crêpes jeweils zur Hälfte gleichmäßig mit der Zwiebel-Mett-Mischung belegen. Die andere Hälfte darüberlegen und dann vorsichtig zu einem Dreieck zusammenklappen, so dass eine Tasche entsteht. Crêpe-Taschen auf ein Backblech (mit Backpapier belegt) legen und jeweils mit einer Scheibe Frühstücksspeck (quer halbiert) belegen. Das Backblech unter den vorgeheizten Grill (etwa 230 °C) in den Backofen schieben und Crêpes so lange backen, bis der Speck knusprig ist. Crêpe-Taschen sofort servieren.

## Tipp:

Anstatt die Pfannkuchen zu füllen, können Sie die Pfannkuchen auch mit in Tomatenscheiben und Mozzarella-Käse belegen oder die Pfannkuchen statt mit der gebratenen Zwiebel-Mett-Füllung direkt vor dem Verzehr mit frischem Mett füllen.

# Für Freunde
# Überbackene

**Zutaten:**

2 Bund Frühlingszwiebeln
2 Dosen Gemüsemais
(Abtropfgewicht je 285 g)
500 g Tomaten
400 g Doppelrahm-Frischkäse
450 g Joghurt (3,5 % Fett)
2 Bund glatte Petersilie
Salz
frisch gemahlener Pfeffer
Chilipulver
2 Pck. Weizentortillas
(je 8 Fladenbrote aus Weizenmehl)
250 g geraspelter Emmentaler-Käse

Pro Portion:
E: 26 g, F: 33 g, Kh: 56 g,
kJ: 2665, kcal: 635, BE: 4,0

Zubereitungszeit: 40 Minuten, ohne Aufwärmzeit
Backzeit: etwa 20 Minuten, für 8 Personen.

# Enchiladas mit Gemüse

## Zubereitung:

**1.** Backofen vorheizen, um die Tortillas darin aufzuwärmen. Frühlingszwiebeln putzen, waschen, abtropfen lassen und in feine Scheiben schneiden. Mais in einem Sieb abtropfen lassen. Tomaten waschen, abtrocknen, halbieren und die Stängelansätze herausschneiden. Tomatenhälften in kleine Würfel schneiden.

**2.** Frischkäse mit Joghurt glattrühren. Petersilie abspülen, trocken tupfen, die Blättchen von den Stängeln zupfen. Blättchen fein hacken und unter die Käse-Joghurt-Masse heben. Frühlingszwiebelscheiben, Mais und Tomatenwürfel hinzufügen und unterrühren. Die Füllung mit Salz, Pfeffer und Chilipulver würzen.

**3.** Tortillas auf einen Rost legen und im vorgeheizten Backofen erwärmen.

**Ober-/Unterhitze:** etwa 200 °C
**Heißluft:** etwa 180 °C
**Aufwärmzeit:** etwa 2 Minuten.

**4.** Backofen weiter vorheizen. Aufgewärmte Tortillas einzeln hinlegen, je 1 Esslöffel von der Füllung in die Mitte geben, etwas glattstreichen und aufrollen. Aufgerollte Tortillas in eine gefettete, große, flache Auflaufform geben.

**5.** Die restliche Füllung auf den Tortillas verteilen, mit Emmentaler bestreuen und die Form auf dem Rost **bei gleicher Backofeneinstellung in den vorgeheizten Backofen schieben.** Backzeit etwa 20 Minuten.

**6.** Überbackene Enchiladas aus dem Ofen nehmen und sofort servieren.

## Variante I:

Für **Fajita mit Gehacktem** (ergibt 8 Stück) Backofen zum Aufwärmen der 8 Tortillas vorheizen (siehe Rezeptpunkt 1 und 3). Je 1 Zwiebel und 1 Knoblauchzehe abziehen und fein hacken. 1½ Esslöffel Speiseöl in einer Pfanne erhitzen, 500 g Gehacktes (halb Rind-, halb Schweinefleisch) hinzufügen und unter Rühren anbraten, dabei die Klümpchen mit einer Gabel grob zerteilen. Zwiebel- und Knoblauchwürfel hinzugeben und ebenfalls andünsten. 1 Dose Gemüsemais (Abtropfgewicht 285 g) in einem Sieb abtropfen lassen. Mais, mit 2 geschälten, fein gewürfelten Möhren und ½ Dose gewürfelter Tomaten (etwa 200 g) hinzufügen. Zutaten zugedeckt etwa 4 Minuten bei mittlerer Hitze erwärmen und garen. 2 Esslöffel Crème fraîche unterrühren, kurz miterwärmen. Gehacktes mit Salz, frisch gemahlenem Pfeffer und etwas Cayennepfeffer abschmecken. Aufgewärmte Tortillas einzeln hinlegen, je 1 Esslöffel der Füllung in die Mitte geben und zusammenklappen.

## Variante II:

Für **Fajita mit Hähnchen** (ergibt 8 Stück) Backofen zum Aufwärmen der 8 Tortillas vorheizen (siehe Rezeptpunkt 1 und 3). Von ½ kleinen Eisbergsalat die äußeren, welken Blätter entfernen, den Salat halbieren und in schmale Streifen schneiden. Salat waschen und trocken schleudern. 1 Dose Mandarinen (Abtropfgewicht 175 g) in einem Sieb abtropfen lassen, dabei 2 Esslöffel Mandarinensaft auffangen und die Mandarinen quer halbieren. 6 Esslöffel (etwa 200 g) Joghurt-Salatcreme (aus dem Glas) mit den 2 Esslöffeln Mandarinensaft glattrühren, mit Salz, Pfeffer und ¼–½ Teelöffel Currypulver würzen. Salatstreifen, Mandarinenhälften und 1 Packung (150 g) gebackene Hähnchenstreifen (aus dem Kühlregal) unterheben. Aufgewärmte Tortillas einzeln hinlegen, je 1 Esslöffel der Füllung in die Mitte geben und zusammenklappen.

# Für Lernabende Wraps
## (mit Lachs, Balkansalat, Geflügelsalat)
# oder die Party

Dauert etwa 50 Minuten, ohne Aufwärmzeit,
für 8–10 Personen (für 24 Wraps).

**Zutaten:**

Für die Füllung mit Lachs:
je 1 rote und gelbe Paprikaschote
125 g Rucola (Rauke)
1 Kästchen Kresse
2 Becher (je 150 g) Crème fraîche
2–3 EL Sahne-Meerrettich (je nach Geschmack: scharf oder mild)
Salz
frisch gemahlener Pfeffer
1 Prise Zucker
1 Pck. (200 g) Räucherlachs in Scheiben

Für die Füllung mit Balkansalat:
½ Eisbergsalat
1 Dose Gemüsemais (Abtropfgewicht 285 g)
2 Zwiebeln
1 rote Paprikaschote
3 Schalen Balkansalat (je 200 g)
Salz
frisch gemahlener Pfeffer

Für die Füllung mit Geflügelsalat:
½ Eisbergsalat
2 Birnen
3 Schalen Geflügelsalat (je 200 g)
Currypulver

Außerdem:
3 Pck. Wraps (je 8 Fladen aus Weizenmehl)

Pro Stück (Lachs-Variante):
E: 10 g, F: 16 g, Kh: 26 g,
kJ: 1225, kcal: 294, BE: 2,0

## Zubereitung:

**1.** Zuerst die Füllungen zubereiten. Für die Füllung mit Lachs Paprikaschoten halbieren, entstielen, entkernen und die weißen Scheidewände entfernen. Schoten waschen, trocken tupfen und in dünne Streifen schneiden. Rucola verlesen und die dickeren Stiele entfernen. Rucola und Kresse abspülen und trocken tupfen. Kresse abschneiden. Crème fraîche mit Sahne-Meerrettich verrühren, mit Salz, Pfeffer und Zucker würzen.

**2.** Für die Füllung mit Balkansalat von dem Eisbergsalat die äußeren, welken Blätter entfernen. Salat in schmale Streifen schneiden, waschen und trocken tupfen oder schleudern. Mais in einem Sieb abtropfen lassen. Zwiebeln abziehen und fein würfeln. Paprikaschote halbieren, entstielen, entkernen und die weißen Scheidewände entfernen. Schote waschen, abtrocknen und in dünne Streifen schneiden. Balkansalat mit Mais und Zwiebelwürfeln mischen, evtl. mit Salz und Pfeffer abschmecken.

**3.** Für die Füllung mit Geflügelsalat von dem Eisbergsalat die äußeren, welken Blätter entfernen. Salat in schmale Streifen schneiden, waschen und trocken tupfen oder schleudern. Birnen schälen, vierteln, entkernen und in dünne Spalten schneiden.

**4.** Wraps nacheinander in einer großen, beschichteten Pfanne ohne Fett beidseitig kurz erwärmen.

**5.** Für die Lachswraps 8 Wraps mit der Hälfte der Sauce bestreichen. Rucola und Kresse darauf verteilen. Je Wrap 1–2 Lachsscheiben darauflegen. Paprikastreifen darüberstreuen und die restliche Sauce darauf verteilen. Wraps fest aufrollen, schräg halbieren und sofort servieren oder kalt gestellt kurz aufbewahren.

**6.** Für die Balkanwraps 8 Wraps mit etwas Eisbergsalat belegen, Balkan-Mais-Salat und Paprikastreifen darauf verteilen und fest aufrollen. Die Rollen schräg halbieren.

**7.** Für die Geflügelwraps die restlichen 8 Wraps mit etwas Eisbergsalat, Geflügelsalat und Birnenstreifen belegen. Mit Currypulver bestreuen und fest aufrollen. Die Rollen schräg halbieren.

## Zubereitung:

1. Zwiebel abziehen und fein würfeln. Öl in einer Pfanne erhitzen, Zwiebelwürfel und Gehacktes darin anbraten, dabei die Fleischklümpchen mit einer Gabel grob zerkleinern.

2. Knoblauchzehen abziehen, durch die Knoblauchpresse drücken und unterrühren.

3. Mit Gewürzmischung, Salz, Pfeffer und Paprikapulver abschmecken. Brühe hinzugießen, umrühren und etwa 15 Minuten zugedeckt bei mittlerer Hitze garen, dabei ab und zu umrühren. Hackfleisch abschmecken.

4. Inzwischen den Backofen vorheizen. Avocado halbieren, den Stein entfernen. Avocado schälen, das Fruchtfleisch in Würfel schneiden und mit Zitronensaft beträufeln. Mais in ein Sieb geben und abtropfen lassen. Für einen Kräuter-Dip saure Sahne und gehackte Kräuter verrühren, nach Belieben mit Salz und Pfeffer würzen.

5. Vom Eisbergsalat die äußeren, welken Blätter entfernen, den Salat vierteln, in feine Streifen schneiden, waschen und trocken tupfen oder schleudern. Frühlingszwiebeln putzen, waschen, abtropfen lassen und in feine Scheiben schneiden.

6. Taco-Schalen mit der offenen Seite nach unten nebeneinander auf ein Backblech setzen, im vorgeheizten Backofen erwärmen.

**Ober-/Unterhitze:** etwa 180 °C
**Heißluft:** etwa 160 °C
**Backzeit:** 3–4 Minuten.

7. Alle Zutaten zum Garnieren der Tacos in Schüsseln anrichten, das Hackfleisch in einer Schale auf einem Rechaud (oder einem Stövchen) warm stellen. Jeweils einen Taco mit Hackfleisch, Eisbergsalat, Frühlingszwiebeln, Mais, Avocado- und Zwiebelwürfeln füllen, mit Kräuter-Dip und/oder Tacodip beträufeln und mit Gouda bestreuen.

## Zutaten:

1 Zwiebel
4 EL Speiseöl, z.B. Sonnenblumenöl
750 g Rindergehacktes
2 Knoblauchzehen
1 Beutel (etwa 35 g) mexikanische Gewürzmischung
Salz
frisch gemahlener Pfeffer
Paprikapulver edelsüß
125 ml (⅛ l) Fleischbrühe
1 Avocado
1–2 TL frisch gepresster Zitronensaft
1 Dose Gemüsemais (Abtropfgewicht 285 g)
1 Becher (150 g) saure Sahne
1 EL gehackte Kräuter, z.B. Petersilie, Basilikum
1 kleiner Eisbergsalat
1 Bund Frühlingszwiebeln
1 Pck. große Taco-Schalen (12 Stück)
1 Dose (200 ml) Tacodip
125 g geriebener, mittelalter Gouda-Käse

Pro Portion:
E: 23 g, F: 33 g, Kh: 20 g,
kJ: 1972, kcal: 471, BE: 1,5

## Dazu passt:

**Caesar's Salat** (8–10 Personen). 8 Scheiben Toastbrot in kleine Würfel schneiden. 60 g Butter in einer Pfanne zerlassen und die Toastbrotwürfel darin bei mittlerer Hitze hellbraun braten. Auf einen Teller geben und abkühlen lassen. 400 g Salatmayonnaise, 100 g Schlagsahne, 3 Esslöffel frisch geriebener Parmesan-Käse, 2 Esslöffel Weißweinessig, Salz und Pfeffer in einen hohen Rührbecher geben und pürieren. 2 Knoblauchzehen abziehen und durch die Knoblauchpresse dazudrücken. Dressing verrühren, mit Salz und Pfeffer abschmecken. 2 Köpfe Römersalat putzen, waschen, trocken tupfen oder schleudern. Salat in mundgerechte Stücke zupfen. Salat mit Dressing beträufeln, mit 100 g frisch gehobeltem Parmesan-Käse und den Croûtons bestreut servieren. Dazu frisches Baguette reichen.

## Tipp:

Ganz Eilige nehmen fertig gekaufte Croûtons.

# Tacos mit Hackfleischfüllung

Zubereitungszeit 55 Minuten,
Backzeit: 3–4 Minuten
für 8–10 Personen (ergibt 12 gefüllte Tacos).

## Für Freunde

# Einfach zum Vernaschen
# Florentiner Türmchen

Dauert etwa 30 Minuten, für 8–10 Personen.

## Zutaten:

400–500 g Himbeeren
7–9 EL Puderzucker
375 g Mascarpone
(italienischer Frischkäse)
7–8 EL Maracujanektar
(aus der Flasche)
48–60 Mini-Florentiner
(entspricht etwa 4 Packungen je 100 g)

Außerdem:
Puderzucker zum Bestäuben

Pro Portion:
E: 7 g, F: 35 g, Kh: 36 g,
kJ: 2026, kcal: 485, BE: 3,0

## Zubereitung:

**1.** Himbeeren verlesen, nicht waschen. Die Hälfte der Himbeeren in einen hohen Rührbecher geben und pürieren. Die pürierte Masse durch ein feines Sieb streichen, um die Kerne zu entfernen. Himbeermark mit 3 Esslöffeln Puderzucker verrühren. Nach Belieben noch etwas Puderzucker unterrühren. Restliche Himbeeren zum Garnieren beiseitestellen.

**2.** Mascarpone in eine Schüssel geben und mit Handrührgerät mit Rührbesen kurz aufschlagen. Maracujanektar und 4 Esslöffel Puderzucker hinzugeben und kurz verrühren. Nach Belieben die Mascarponecreme mit Puderzucker abschmecken.

**3.** Jeweils 2 Mini-Florentiner mit etwas Mascarponecreme zusammensetzen. Pro Portion 3 Florentiner-Türmchen auf die Teller setzen. Himbeerpüree und restliche Himbeeren auf den Tellern verteilen und mit etwas Puderzucker bestäuben.

## Tipp:

Sollte das Himbeermark oder die Mascarponecreme für Ihren Geschmack zu süß schmecken, etwas frisch gepressten Zitronensaft zugeben und unterrühren. Himbeeren gibt es bei uns im Sommer zu ernten. Importe sind fast ganzjährig bei uns im Handel zu finden. Statt frischer Himbeeren können Sie genauso gut TK-Himbeeren verwenden. Himbeeren nach Packungsanleitung nebeneinander auftauen lassen.

## Ganz einfach

# Österreichische Topfencreme mit Beeren

Dauert etwa 10 Minuten, ohne Auftauzeit, für 2 Personen (ergibt 2 Gläser).

### Zubereitung:

**1.** Die Beeren nach Packungsanleitung nebeneinander auf einen Teller legen und auftauen lassen.

**2.** In einer Schüssel Sahne-Pudding mit Quark und Puderzucker glattrühren.

**3.** Die Topfencreme abwechselnd mit den aufgetauten Beeren (bis auf 1 Esslöffel Beeren zum Garnieren) in 2 hohe Portionsgläser (Longdrinkgläser) schichten. Die oberste Quarkschicht mit den beiseitegelegten Beeren und nach Belieben mit Melisseblättchen garnieren.

### Tipp:

Je nach Zimmertemperatur kann das Auftauen der Beeren bis zu 3 Stunden dauern! Beeren deshalb frühzeitig aus dem Tiefkühler nehmen. Statt TK-Beeren im Frühjahr/Sommer die gleiche Menge frische Erdbeeren verwenden. Im Sommer und Spätsommer möglichst frische Beeren wie Brombeeren, Himbeeren und Johannisbeeren für das Rezept verwenden.

### Variante:

Für **Schokoladentopfencreme mit Birnen** (2 Personen) in einer Schüssel 200 g Sahne-Pudding Vanille-Geschmack (1 Becher aus dem Kühlregal) mit 250 g Speisequark (20 % Fett), 1 Esslöffel Puderzucker und 1½ Esslöffeln löslichem Kakaopulver glattrühren. 2–4 Birnenhälften (je nach Größe, aus der Dose) in 2 Schälchen geben. Schokoladentopfencreme darauf verteilen und einige Zeit kalt stellen. Nach Belieben mit geraspelter Schokolade, je 1 Kugel Vanilleeis oder etwas geschlagener Sahne servieren.

### Zutaten:

300 g TK-Gemischte Beeren, z.B. Brombeeren, Himbeeren, Johannisbeeren
1 Becher (200 g) Sahne-Pudding Vanille-Geschmack (aus dem Kühlregal)
250 g Speisequark (Topfen, 20 % Fett)
1 EL Puderzucker

Nach Belieben
2–4 Melisseblättchen

Pro Portion:
E: 25 g, F: 23 g, Kh: 61 g,
kJ: 2460, kcal: 587, BE: 5,0

**Tipp:**

Löslichen Kakao (für Trinkschokolade, heiß oder kalt) nicht mit Kakaopulver verwechseln. Löslicher Kakao löst sich ganz leicht im Quark auf.

Beide Desserts kann man problemlos für mehrere Personen zubereiten. Dafür die Zutatenmengen anpassen. Statt vieler Gläser oder Dessertschalen den Nachtisch in eine große Glasschüssel einfüllen.

# Türkische Eierpfannkuchen

## Mit Alkohol

Dauert etwa 30 Minuten,
ohne Ruhe- und Durchziehzeitzeit,
für 1–2 Personen
(ergibt 2 große Pfannkuchen).

**Zutaten:**

Für die Eierpfannkuchen:
85 g Weizenmehl
125 ml (⅛ l) Milch
1 frisches Eigelb (Größe M)
1 Prise Salz
1 Prise gemahlener Ingwer
1 TL Zucker
1 frisches Eiweiß (Größe M)
1–2 EL Speiseöl, z.B. Sonnenblumenöl

Für den Erdbeerjoghurt:
125 g Erdbeeren
½–1 EL Zucker
1 EL Weinbrand
2 EL (70 g) Joghurt
1 EL gestiftelte Mandeln
1 EL gehackte Haselnusskerne
1–2 TL gehackte Pistazienkerne

Insgesamt:
E: 28 g, F: 50 g, Kh: 95 g,
kJ: 4149, kcal: 992, BE: 8,0

**Zubereitung:**

**1.** Für die Eierpfannenkuchen Mehl in eine Rührschüssel geben, mit Milch, Eigelb, Salz, Ingwer und Zucker zu einem glatten Teig verrühren, dabei darauf achten, dass keine Klümpchen entstehen. Den glattgerührten Teig 20–30 Minuten ruhen lassen.

**2.** Inzwischen für den Erdbeerjoghurt die Erdbeeren waschen, gut abtropfen lassen, entstielen. Erdbeeren halbieren oder in Scheiben schneiden.

**3.** Die Erdbeeren mit Zucker bestreuen und mit Weinbrand beträufeln. Zugedeckt im Kühlschrank 10–15 Minuten durchziehen lassen.

**4.** Das Eiweiß kurz vor dem Backen mit Handrührgerät mit Rührbesen steifschlagen und unter den Teig heben. Etwas Fett in einer beschichteten Pfanne (Ø 24–28 cm) erhitzen und die Hälfte des Teiges mit einer Kelle hineingeben. Die Pfanne leicht schwenken, damit sich der Teig gleichmäßig auf dem Boden der Pfanne verteilen kann. Sobald die Ränder goldgelb sind und der gebackene Teig sich in der Pfanne leicht hin- und herschieben lässt, den Pfannkuchen vorsichtig mit einem Pfannenwender wenden und auf der anderen Seite goldgelb backen. Den fertig gebackenen Pfannkuchen auf einen Teller gleiten lassen und warm stellen.

**5.** Den zweiten Pfannkuchen auf die gleiche Weise backen, dabei vor dem Backen den Teig etwas umrühren und restliches Fett in die Pfanne geben.

**6.** Anschließend die Erdbeeren mit Joghurt, Mandeln, Haselnusskernen und Pistazienkernen vermengen. Die Erdbeeren nach Geschmack mit Zucker süßen.

**7.** Die Pfannkuchen mit Erdbeerjoghurt anrichten und sofort servieren.

## Variante:

**Palatschinken mit Mousse au Chocolat-Füllung** (1–2 Personen, ergibt 2 große Pfannkuchen).

Für den Palatschinkenteig 60 g Weizenmehl in eine Rührschüssel geben. 1 frisches Ei (Größe M) mit 70 ml Milch, 35 ml Mineralwasser, ½ Teelöffel Zucker 1 Prise Salz verschlagen, nach und nach unter Rühren zum Mehl geben, darauf achten, dass keine Klümpchen entstehen. Teig 20–30 Minuten ruhen lassen. In der Zwischenzeit 1 kleine Dose Aprikosenhälften (Abtropfgewicht 130 g) mit dem Saft in einen hohen Becher geben und fein pürieren. Etwas Speiseöl (jeweils 1 Teelöffel) in einer beschichteten Pfanne (Ø 24–28 cm) erhitzen. Teig gut durchrühren und eine dünne Teiglage mit einer drehenden Bewegung auf dem Boden der Pfanne verteilen. Palatschinken von beiden Seiten etwa 2 Minuten goldbraun backen und warm stellen. Bevor der Palatschinken gewendet wird, etwas Öl in die Pfanne geben. Aus dem weiteren Teig noch einen Palatschinken zubereiten. Beide Palatschinken jeweils zur Hälfte mit Mousse au Chocolat (1 Becher [75 g] aus dem Kühlregal) bestreichen, die unbelegte Seite darüberschlagen. Gefüllte Palatschinken mit Aprikosensauce und Melissestängeln servieren.

# Kapitelregister

## Same old Soup – nicht mit uns



## Fish and more



## Pfannenmix



## Aus dem heißen Ofen



## Veggie Deluxe



## Snack it



## Sweets for my Sweet

# Alphabetisches Register

**Für Fragen, Vorschläge oder Anregungen steht Ihnen der Verbraucherservice der Dr. Oetker Versuchsküche**
**Telefon: +49 (0) 08 00 71 72 73 74 Mo.–Fr. 8:00–18:00 Uhr, Sa. 9:00–15:00 Uhr (Gebührenfrei in Deutschland)**
oder die Mitarbeiter des Dr. Oetker Verlages:
Telefon: +49 (0) 5 21 52 06 51 Mo.– Fr. 9:00–15:00 Uhr
zur Verfügung.

Oder schreiben Sie uns:
Dr. Oetker Verlag KG, Am Bach 11, 33602 Bielefeld
oder besuchen Sie uns im Internet
www.oetker-verlag.de oder unter www.oetker.de.

Umwelthinweis Dieses Buch und der Einband wurden auf chlorfrei gebleichtem Papier gedruckt. Die Einschrumpffolie – zum Schutz vor Verschmutzung – ist aus umweltfreundlichem und recyclingfähigem PE-Material.



Redaktion Carola Reich, Ina Scholz

Lektorat no:vum, Susanne Noll, Leinfelden – Echterdingen

Innenfotos Antje Plewinski, Berlin (Seite 4, 5, 8, 10, 15, 24, 27, 31, 32, 34–45, 50–61, 66–71, 76, 77, 80–93)
Fotostudio Diercks, Hamburg (Seite 12, 22, 46, 47, 72, 73, 78, 79)
Bernd Lippert (Seite 18)
Ulli Hartmann (Seite 16, 21)
Kai Boxhammer, Hamburg (Seite 28)
Hans-Joachim Schmidt, Hamburg (Seite 48, 49, 62–65)
Axel Struwe, Bielefeld (Seite 74, 75)

Rezeptentwicklung und -beratung Irmgard Radke, Calden

Foodstyling Olaf Brummel, Bielefeld

Nährwertberechnungen Nutri Service, Hennef

Grafisches Konzept kontur:design, Bielefeld
Gestaltung kontur:design, Bielefeld
Titelgestaltung kontur:design, Bielefeld

Satz Typografika, Bielefeld
Druck und Bindung Mohn media Mohndruck GmbH, Gütersloh



ISBN 978-3-7670-0977-6